10万円から始める
毎年5割高ねらいの
株式投資法！

低位株待ち伏せ投資

吉川英一

ダイヤモンド社

はじめに

一生懸命汗水たらして稼いだ虎の子のお金を持って株式市場にやって来た投資家は多いと思いますが、ほとんどの投資家は「こんなことなら株なんかやらなきゃよかった」と後悔していると思います。なぜなら、**株の世界で勝っているのはたった1割の投資家しかいない**からです。おそらく書店でこの本を手に取ったみなさんは、株の難しさを痛感し、「どうしたら勝てるのか?」と藁《わら》をもつかむ気持ちで読んでいるのではないでしょうか。

私も最初はまったく勝てない時期が5年間ほど続きました。しまいには日証金からお金を借りてまで株を買っていましたし、借入限度額に達すると、今度は母親がパートに出て貯めた100万円を借りて株に突っ込んでいました。毎日、朝5時に起きて自分や弟たちの弁当をつくり、自分より早く家を出ていく母を見ていると、自分はなんて親不孝なことをやっているんだと涙が出てくることもありました。

なんとしても母から借りた100万円だけは一刻も早く返さなければいけない、もう絶対に負けられないという崖っぷち状態で考え抜いた結果、行き着いたのが**「低位株の待ち伏せ投資」**でした。

株式市場にやって来た投資家は、誰もが早く大きく儲けたいという一心で売買を繰り返しています。その結果、勢いよく上昇してくる株に果敢に飛びついてしまいます。実際には、飛びついた途端、待っていましたとばかりに、安いときに仕込んでいた投機筋や仕手集団、証券会社のディーラーなどの売りを浴びせられて、買ったその日から含み損を抱えてしまうのが落ちなのです。

人間、感情に流されるままトレードを続けていると、あっという間に大切な資金は半分になってしまいます。これが、喜び勇んで株式市場にやって来た投資家の大方の末路です。

一方で、私の周囲や知り合いの中には、どんどん資産を増やして、軽く1億円以上を株で運用している投資家が何人もいますが、実はそういう人はずっと勝ち続けているのです。これらの投資家さんに共通しているのは、**買うにも売るにも、じっとチャンスが来るのを待って投資している**ことだと思います。極端な場合は、暴落したときしか買いません。自分の勝ちパターンやサインが現れるのを地道に待って、いざというときに素早く決断し、果敢に攻めることができるから、相場の世界で勝ち続けていけるわけです。

多くの投資家さんにお会いしたり、自分でいろいろ試してみた結果、株で勝つ方法はいろいろありますが、**株初心者が大けがをしないで着実に資金を増やしていくためには、「低位株の待ち伏せ投資」が一番適している**と思います。月足チャートで株価が底値付近なのか天井付近なのかを判断し、誰も見向きもしない底練りをしているときに、そっと買いを入れます。あとは買ったのを忘れてください（笑）

本書で紹介する低位の小型株なら1～2年に一度や二度は突然噴火することがありますので、「果報は寝て待て！」の格言通り、ひたすら待っているだけでいいのです。30年以上株式投資をやってきた結果、行き着いたのは、最も単純な「低位株の待ち伏せ投資法」だったことを投資家のみなさんにお伝えするために、今回は4冊目の株の本をあえて書かせていただいた次第です。本書がみなさんの株式投資に少しでもお役に立てれば、著者としてこの上ない喜びです。

低位株 待ち伏せ投資

目次

第2章 なぜ低位株の待ち伏せ投資が億トレーダーへの近道なのか

第3章 株で勝てないのには理由がある

第4章 株で儲けるためのメンタルトレーニング

第5章 倍増期待の低位株発掘法

第6章 東証2部は株価倍増銘柄の宝庫

第1章

マイナス金利導入で株バブルがやってくる

1 毎年上がる株は決まっている

株式市場には大きな波があります。相場と名のつくものはすべて底と天井を繰り返しています。金やプラチナ、原油などもそうですし、為替や不動産もそうです。日経平均やトピックス、そして個別株も底をつけたり天井をつけたりしています。

まずは、長期のチャートでこの大きな谷と山を見てください。株であれば10年の月足チャートがいいと思います。市場全体は今どうなのかを確認する意味で、日経平均の10年チャートを見てみましょう。２００７年から下げ始めて、その後のリーマンショックで２００９年まで上昇はありませんでした。この間に株をやっていた人は、ほとんど勝てなかったはずです。その後、揉《も》み合い相場に移行して、２０１３年からアベノミクス相場によって日経平均は2倍以上に上昇しました。

つまり、日経平均に組み込まれているようなトヨタ自動車やキヤノンなどを買っていた投資家は、この10年で1回しか大きく儲けるチャンスはなかったということになります。

日経平均の10年チャート

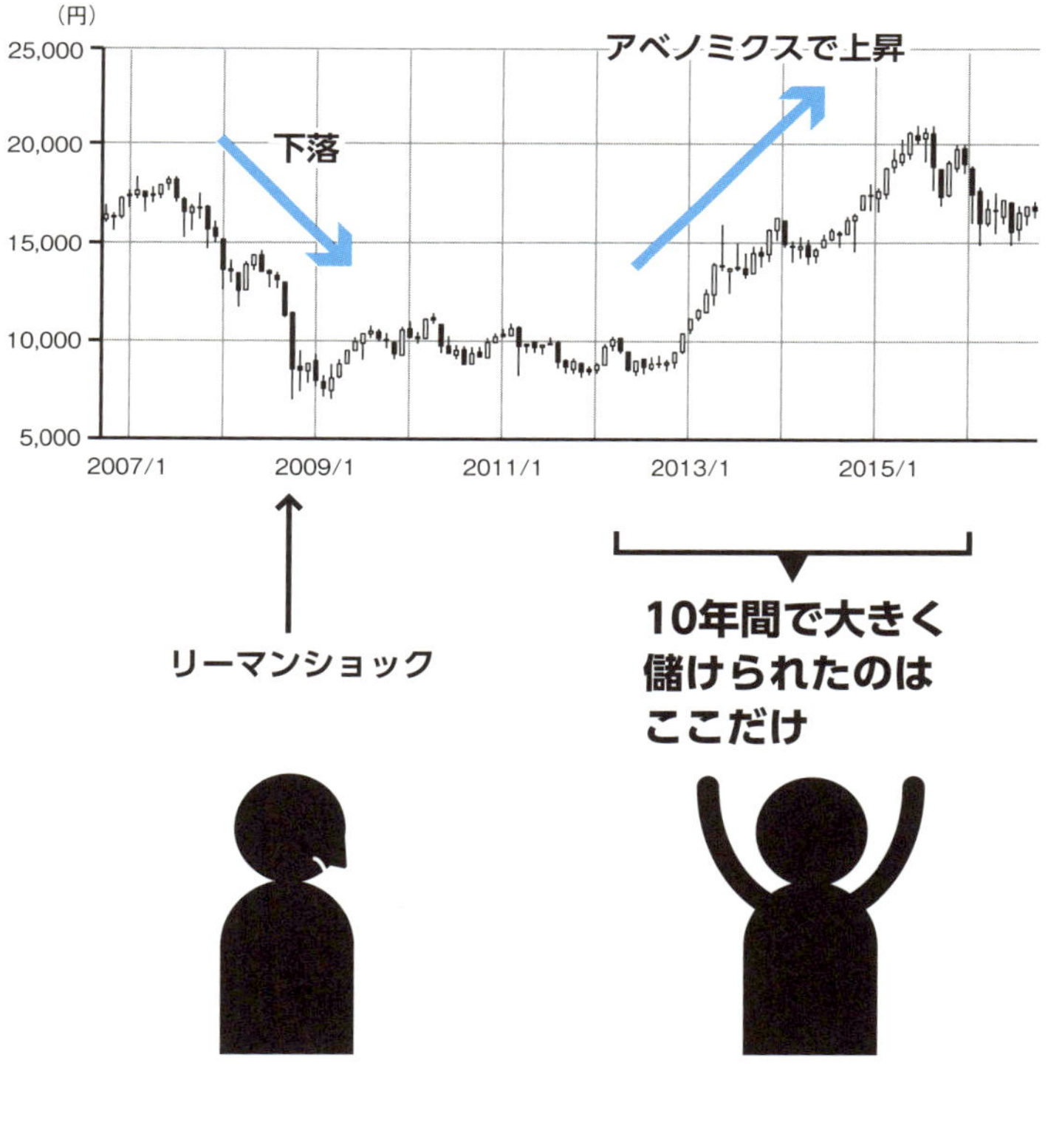

これに対して、**東証2部の光陽社や花月園観光という銘柄は10年のうち9回も5割高以上の上昇を繰り返しているの**です。何度も4倍以上に上昇したり、中には7・3倍に上昇した年もありました。

私が低位株投資で勝てるようになったのは、このような銘柄の存在に気づいて、じっくり下落を待って買い、じっくり上昇を待って売ることができたからです。日経225採用銘柄のように10年に一度の上昇では、到底チャンスを待つことはできなかったと思います。

先日も、株ではなく不動産投資の相談に来られたお客様から、前著『低位株必勝ガイド』（ダイヤモンド社）に紹介されていた「共栄タンカー」と「ツカモトコーポレーション」を買って、ひたすら待ち伏せしていたところ、大きく上昇して儲けさせてもらいました、とお礼の言葉をいただきました。ご同伴の奥様から「あのやり方を試してから、負けなくなりました！」と言われたのは、私としてもこの上ない喜びです。

低位株の待ち伏せ投資は、いつ上がるかわからないし、そんなのまったくあてにならない投資法だと思われる方も多いでしょうが、私の経験からいって、これが一番手堅く、しかも大きく利益を取れる投資法だと思います。

2 株式投資は急がば回れ！

株で運用しようとする人は、銀行に預けておいても低金利でまったく金利がつかないため、リスクを取って投資で大きく増やそうと判断されたのだと思います。私が株を始めた理由も、銀行の天引き預金では貯まるスピードがゆっくりだったので、あわよくば何倍にも大きく増やしてやろうと思ってのことでした。

ところが、どうしても一喜一憂して頻繁に売買を繰り返すために、資金は増えるどころか、あっという間に半分になりました。それを見かねた当時の証券会社の担当者からは、「吉川さん、買ったあとはじっくり待ちましょうよ！」と言われて、ハッと気づいたものです。確かに、下落すると思って売った銘柄は、しばらくたつと、自分が慌てて売った値段よりもことごとく上がっていたのです。

最近は、デイトレードや数日間のスイングトレードをする投資家さんも増えましたが、そのような取引は利益が薄く、年間トータルをみても、大きく儲けている人は少ないはずです。はやる気持ちはよくわかりますが、じっくり底値を待って仕込み、大きく動いてくるのを待つ投資法こそが、資産を何倍にも増やせる最も手堅い方法だと思います。

もちろん、いつ動くかわからない株に大金をつぎ込み、大きく値上がりする日をじっと待つのは並大抵の根性ではできません。でも、日経平均や日経平均採用銘柄を買っても、10年に一度くらいしか大儲けできないのであれば、**低位株をねらうべきです**。第5章や第6章で紹介する銘柄なら、**1〜2年に一度は大きな上昇がやって来ます**。底値が固まっている低位株であれば、市場全体が大きく下落した場合でも、下げ余地は少ないものです。

この投資法は、売るときよりも買うときのほうが大事です。下げている途中で買うと、またそこから下がりますので、長期の月足チャートをみて十分に下げ切ったことを確認してから、最小売買単位で買いを入れてみてください。仮に、そこからさらに下落したときは、買い下がり（値下がりでも買い増すこと）でいいと思います。大きく資産を増やすには、利益幅を大きく取っていくしかありません。よく出来高が急増して動き始めたら、最初の波動に飛び乗るやり方を教えている本などがたくさんありますが、初動で飛び乗っても、騙しや1日で終わってしまうことがすごく多いのです。それよりも底這いや底練りしているうちに複数単位買っておけば、その後、大きく利益を取ることができます。

株をやり始めると、どうしても上昇している銘柄やストップ高のような派手な動きの銘柄に目が行きがちですが、投資の世界では急がば回れの精神でいくほうが、早く目的地に到達できます。

買うときのポイント

① 長期のチャートで株価が下がっているのを確認する

② 最小売買単位で買いを入れる

③ 買ったあとに下がっていたら、少し買い増す（平均単価を下げる）

あとは上がってくるのを待つだけ

3 怖いところが買いの極意

これまで、株式市場はいろいろなショックを乗り越えてきました。私が経験した中では、バブル期のブラックマンデーがあります。東証1部の主力銘柄が軒並みストップ安で寄り付く恐ろしい状況でした。でも、数カ月後には、日経平均は反転し、高値をつけています。ニューヨーク貿易センタービルに2機の航空機が突っ込んだ9・11同時多発テロの際にも、ブラックマンデーの再来かと思わせるキツイ下落になりましたが、あの暴落で買い向かった投資家は、3カ月後の年末には大儲けできました。

日本でも、東日本大震災後の暴落で買い向かった投資家は、その後の上昇で大きな利益を手にしました。最近では、イギリスのEU離脱ショックに伴い、日本市場も強烈な下げに見舞われましたが、あのときに買い向かった投資家は今ごろ大喜びしているはずです。

このように、**みんなが底の見えない恐怖に怯えてパニックになっているところこそ、最大のチャンスが訪れている可能性が高い**のです。

株式投資では、**大衆と同じ動きをしていると、絶対に儲かりません**。むしろ、**大衆といかに反対の行動がとれるかが、株式投資での成功につながります**。「人の行く裏に道あり、花の山」という格言はあまりにも有名ですが、ウォール街にも「人が売るときに買い、人が買うときに売れ」という教えがあります。相場というのは常に上にも下にも行きすぎるものです。一方向のエネルギーが蓄積すると、加速度がつくものです。売るから下がる、下がるから売るという現象が出現したときは、怖くて買えない人がほとんどですが、そこはあえて勇気を出して買ってみることです。

イギリスのEU離脱の投票結果が伝わった6月24日に、日経平均株価は1万4864円の安値をつけましたが、2カ月後には1万7000円近辺まで上昇してきました。このとき私は110円でほくほくフィナンシャルグループを買い、2016年9月1日現在146円まで上昇してきているので、かなりホクホクしているところです(笑)

株式市場に参加する投資家の9割が負けているのですから、大衆と同じことをしていたら、常に儲けている投資家の餌食になってしまうわけです。暴落の最中に買うのは耐えがたい恐怖が伴うものですが、人と同じことをやっていたのでは、いつまでたっても肥やしにされるだけだと思います。

※9月27日、10株→1株に併合したため、現在の株価は一桁増えている。

みんなとは逆の行動をとる

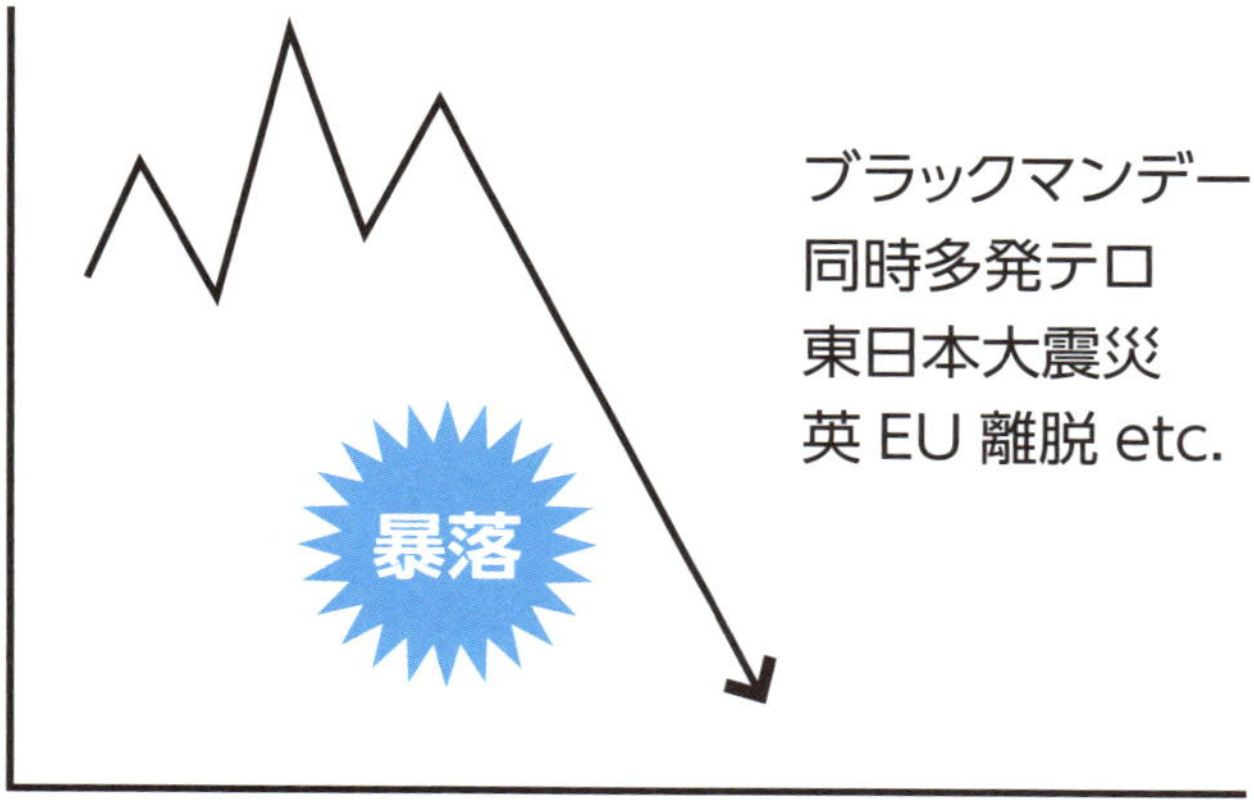
ブラックマンデー
同時多発テロ
東日本大震災
英 EU 離脱 etc.
暴落

下がるー
強制決済
だよ…
もう耐えられない
売ろう…

こんなときはあえて買う!

4 優良株が儲かる株と思ったら大間違い

株式投資の初心者に限って、トヨタやファナック、キヤノン、武田薬品工業などの日本を代表する優良株に投資しようとします。しかし、これらの株は、いきなり倍になったりすることは決してありません。それよりも名前も聞いたことのないような二流、三流株や、赤字で業績が低迷しているボロ株や低位株のほうが大きく上昇したりします。

これは、株式市場にやって来る投資家の大半が、配当をもらうよりも、株価変動を利用してキャピタルゲインを得ることを目的にしているからです。優良株と言われる銘柄がいくら高配当を出したところで、株価の変動が小さければ、キャピタル狙いの投資家にとってはなんの意味もないわけです。ですから、値動きの激しい新興市場銘柄や東証2部のボロ株が動いてくると、買いが買いを呼んで大きな上昇につながるわけです。

資本金や発行済み株数が大きい巨大タンカーのような株が、プレジャーボートのような小型株と同じ動きをすることは決してありません。トヨタの資本金は3970億円、発行済み株数は33億8000万株もあります。のちほど紹介するエスケイジャパンという銘柄は、トヨタと同じ東証1部銘柄ですが、資本金4億6000万円、発行済み株数848・3万株という少なさです。こんなに規模の違う銘柄が東京証券取引所第1部市場で同じように並べて売られていることを考えると、人気化したときにどちらの株が最初に売り切れてしまうかは容易に想像できると思います。

かくして、**市場で大きく上昇しやすい株は、日本を代表するような優良株ではなく、小型株**だということがおわかりいただけることでしょう。そして個人投資家にはどうしても資金的な制約があるため、1株6000円以上もしているトヨタをわざわざ買わなくても、100円、200円の低位株を複数単位買っておくほうが高い値上がり率を得ることができるはずです。トヨタが100円上がっても大した値上がり率にはなりませんが、100円の株が10円上がるだけで1割の上昇ですから、低位株のほうがキャピタルゲインを取りやすいと言えます。

優良株を買っておけば安心だとか損することはないだろうという、ある種の「優良株神話」を信じている人は多いと思いますが、大きく資産を増やす目的で市場にやって来たのであれば、**優良株は資産が最も増えない非効率な株**だと言えるのです。

優良株と低位株の違い

優良株

- ○ 名前が知られている
- ○ 資本金が大きい
- ○ 発行済み株数が多い
- ○ 高配当で、株価も高い
- × あまり大きく株価が動かない

低位株

- × 名前が知られていない
- × 資本金が小さい
- × 発行済み株数が少ない
- × 赤字、無配当などで、株価も安い
- ○ 短期間で大きく値上がりする可能性大

5

日銀の物価上昇2%達成には株高しかない

２０１３年４月に黒田東彦《はるひこ》日銀総裁は、２年で２％物価を上昇させることを目標に掲げて、大胆な金融緩和政策を実施しました。世の中に出回るお金を2倍に増やすという、まさに異次元の金融緩和によって、１ドル93円から１２５円まで円安が進むと同時に、1万２０００円台だった日経平均株価は２０１５年６月には一時２万円を超える上昇を見せました。円安は輸出企業を中心に業績を著しく向上させましたし、株高による資産効果によって消費も喚起されましたので、実際に企業業績も向上しました。その結果、６年ぶりにベースアップに踏み切る企業が増えたのです。

日銀緩和とアベノミクスによって、下落していた物価は順調に１・５％まで上昇したものの、その後は原油価格が大幅に下落したことや為替が１００円前後の円高となったため、再びゼロ近辺まで沈んでしまいました。最初は黒田総裁のねらい通りに物価は順調に上昇したのですが、原油価格の下落が物価上昇分を簡単に打ち消してしまったので、物価目標

２％は絶望的だと言わざるをえません。当初約束していた2年で達成できなかったため、期限を何度も延長し、物価上昇２％の達成時期を２０１７年度中としていましたが、これも２０１８年度頃に先送りされました。

いずれにしても、原油価格下落と最近の新興国経済の低迷によって、物価目標２％の達成は困難との見方が大半ですが、黒田総裁としては残りの任期2年で、なんとしても「大ウソつき」という名を歴史に遺《のこ》すのだけは避けたいでしょう。外需に頼れない以上、物価目標を達成するには**内需を刺激して株高を演出し、ミニバブルをつくる**しかありません。

日銀は現在、金融機関が日銀に預ける当座預金の一部にマイナス金利を適用していますが、逆に日銀が銀行に貸し付ける資金にもマイナス金利を検討する案が出ています。これは、日銀からお金を借りると、利息がついてくるのと同じです。実現するかどうかは別として、**なりふり構わぬ状況になってきました**。株高を標榜《ひょうぼう》する安倍晋三総理からも、全国主要都市での容積率緩和や特区での大規模再開発など、大胆な規制緩和と財政出動が今後も出てくることが予想されます。最近の円高によって日経平均株価は1万６０００円近辺まで沈んでいますが、少し長いスパンで見ると、これは８０００円台から2万９５２円まで大きく上昇したあとの調整局面にすぎず、**日経平均は再び高値を取ってくる**と思います。

これからの相場はどうなる?

日経平均株価の推移

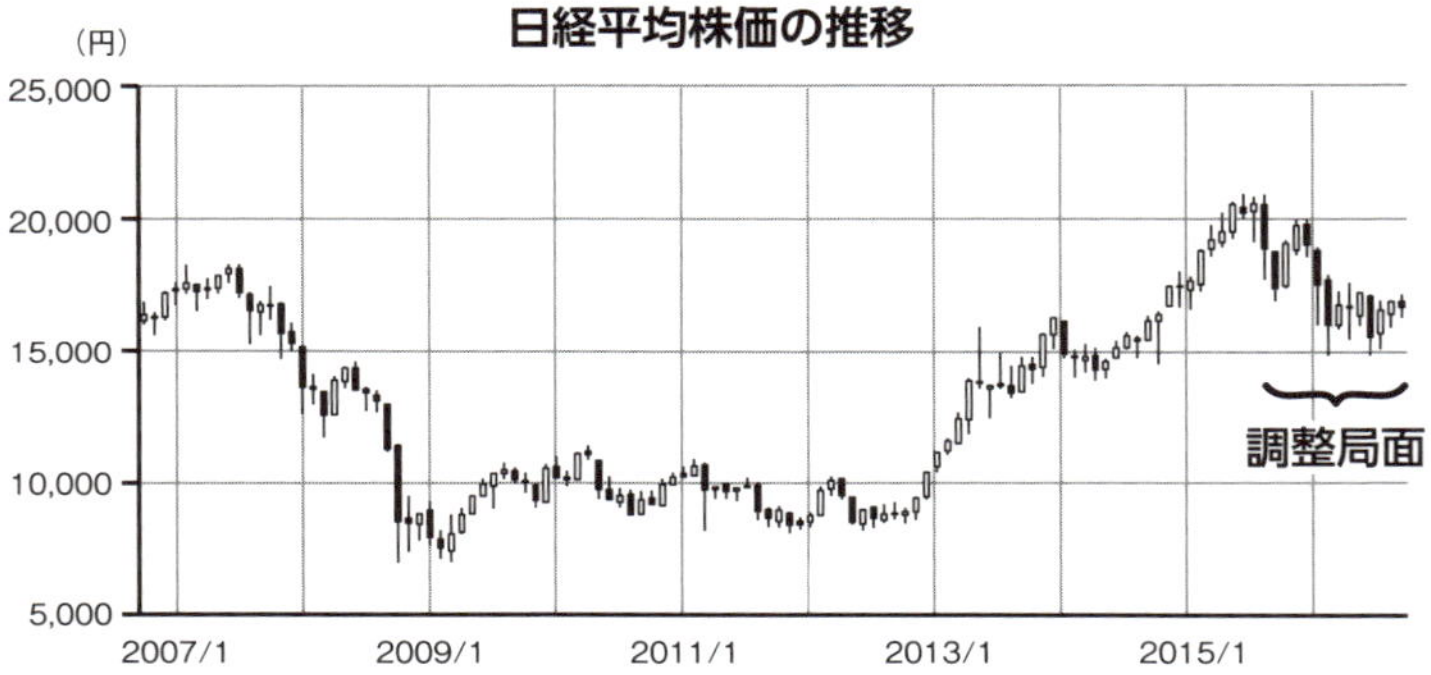

2007年2月　**1万8300円**

↓　**0.45倍**　半値に!

2009年2月　**8257円**

↓　**2.5倍**　大きく上昇!

2015年6月　**2万952円**

↓

今は調整局面、これから上昇の可能性

6 米国の再利上げで為替は再び円安に

雇用者数の順調な増加と失業率低下を受けて、2015年12月、米連邦準備制度理事会（FRB）がリーマンショック後初の利上げに踏み切りました。本来なら、その後、米国金利上昇を背景に、ドル買い優勢の動きになるのが自然な流れですが、原油価格下落や新興国経済の減速懸念から、米国経済の回復も緩やかなものになると予想され、利上げペースも年4回から2回に下方修正されています。さらに、2016年3月の米連邦公開市場委員会（FOMC）の声明文には「世界経済や金融状況がリスクをもたらし続ける」という文言があったのですが、4月の声明文ではこれが削除されて「エネルギーや輸入価格下落の一時的な影響がなくなり、労働市場がさらに強くなるにつれて、中期的には目標の2％まで上昇していくだろう」との判断になりました。

過去、米国は世界経済を牽引《けんいん》する機関車的役割を果たしてきました。米国経済の強さは、フロンティア精神に支えられた高い労働生産性と技術力にあります。ほかにも世界の軍事支出の37％を占める軍事大国であり、豊富な天然資源にも恵まれた資源国でもあるのです。そして、ＧＤＰの７割を個人消費支出が支えていますので、このところの雇用統計を見る限り、米国の好循環は簡単に途切れることはないと思います。

米国の経済成長率を振り返ってみると、リーマンショックで２００８年と２００９年には大きく落ち込んでマイナス成長になったにもかかわらず、過去20年の平均成長率は年2％を超えているのです。失われた20年で日本がデフレに苦しんでいるときも、**ずーっと平均2％の成長を続けてきた国**です。ニューヨークダウがずーっと右肩上がりになっているのを見ても、米国経済の強さを推し量ることができると思います。

「米国の2回目の利上げはしばらくないだろう」「イエレン議長も当面利上げには言及できないのではないか」という雰囲気がアナリストたちの大方の意見ですが、いやいや決してそんなことはないでしょう。経済大国アメリカの実力を軽く見ないほうがいいと思います。近い将来、２０１６年中に、ＦＲＢは2回目の利上げに踏み切るとともに、**為替は再び円安基調に戻る**のではないでしょうか。

アメリカ経済は成長を続けている

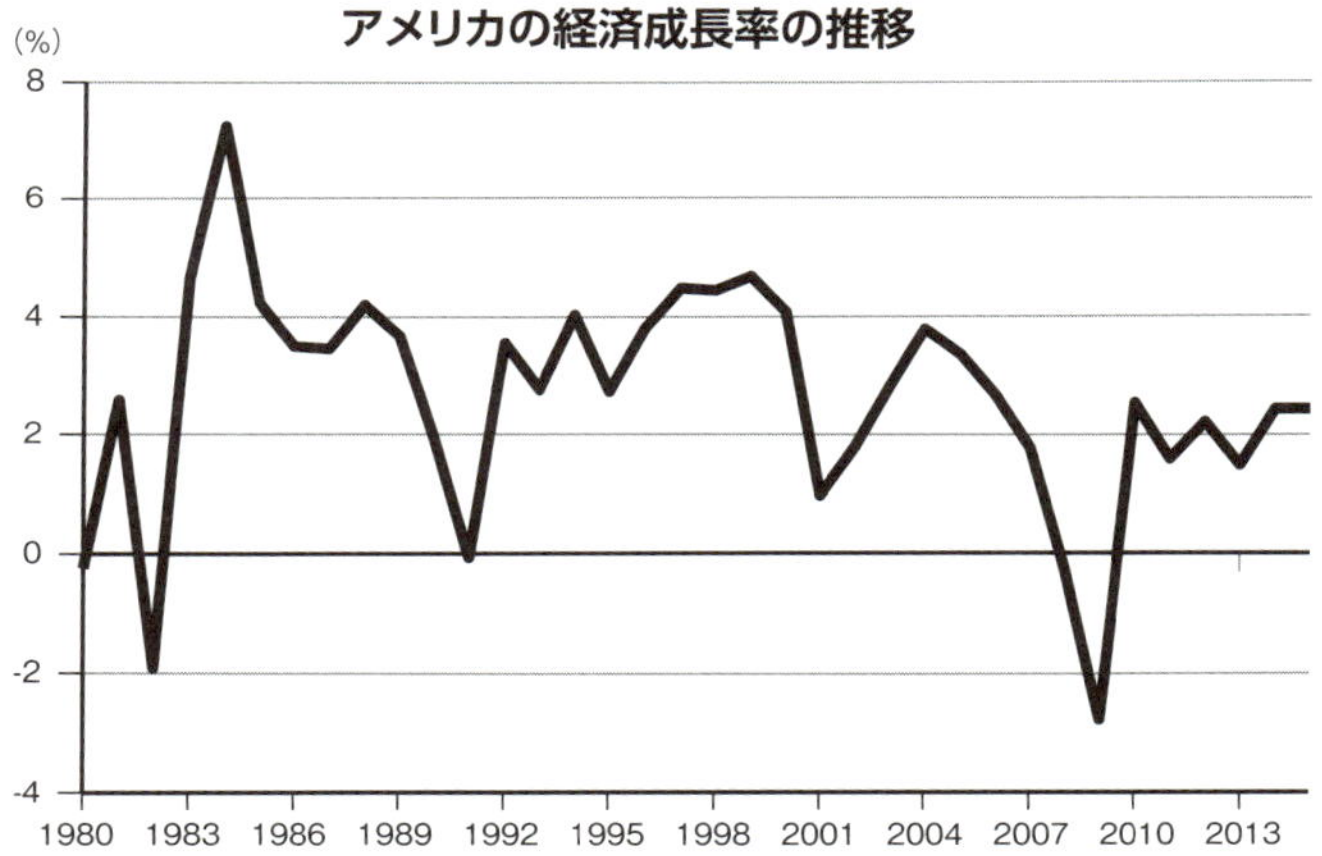

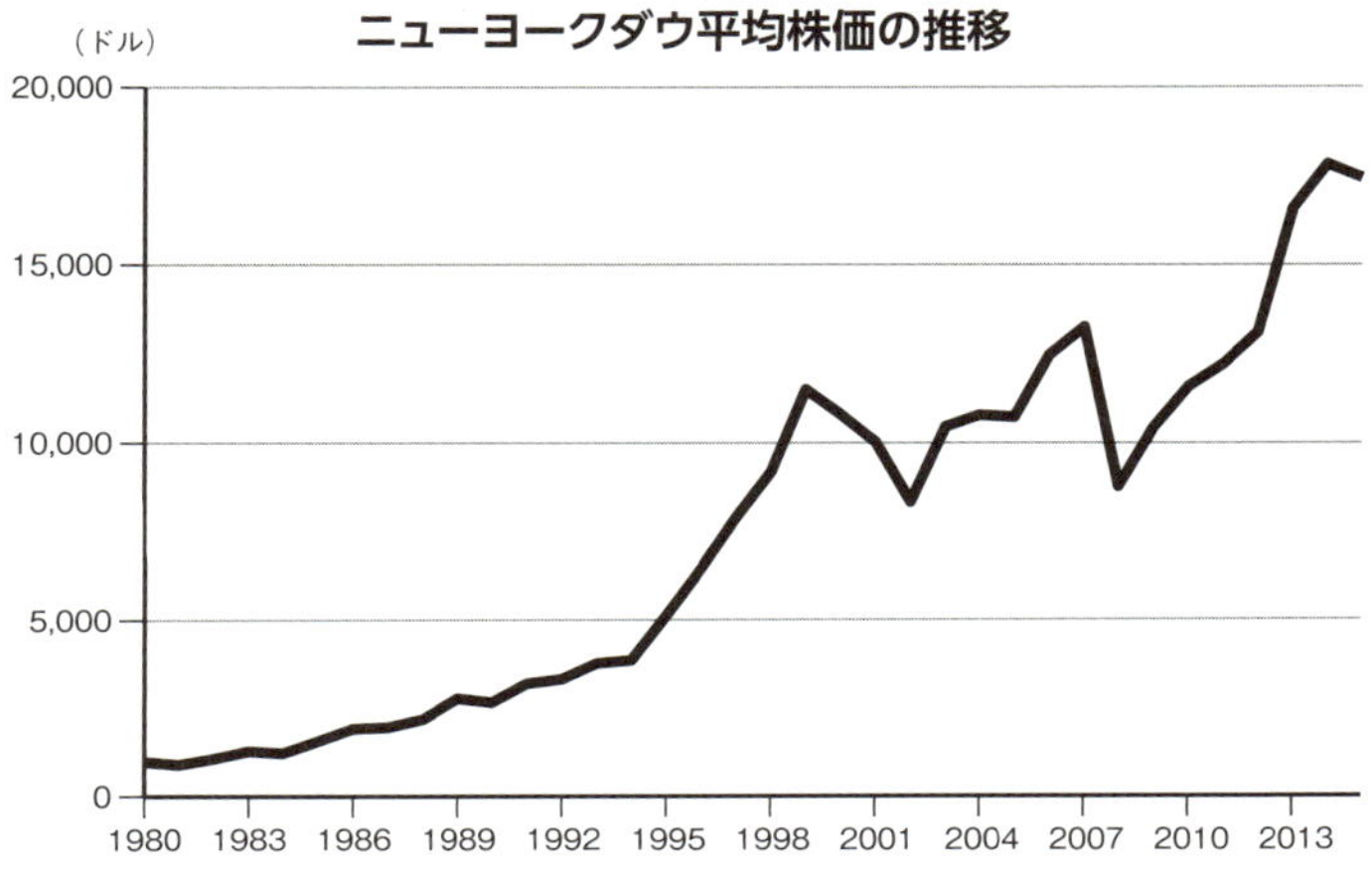

7

マイナス金利導入で俄然注目を集める配当利回り

日銀が導入したマイナス金利によって、10年物国債の利回りまでもマイナスに沈んでしまいました。銀行は何もしないでいると、利ザヤはますます低下する一方なので、金利を高めに設定できる長期の融資にシフトしなければ収益は確保できなくなってきました。

一方で、個人もマイナス金利の影響を受けています。三菱東京ＵＦＪやみずほ、三井住友銀行などのメガバンクの定期預金金利が軒並み０・01％になってしまいました。期間１年から10年までの定期預金で一律０・01％の金利ですから、１００万円を定期預金として預けても１年で利息は１００円しかつかないのです。普通預金に至っては、大手３行とも０.００１％ということですから、年間10円しか増えないということになります。

これまで銀行は、余ったお金をほとんど国債で運用していましたが、10年物国債ですらマイナスになってしまったので、最近はＲＥＩＴ（不動産投資信託）や公社債などに資金を振り向けているようです。一方で、金利の安いうちにできるだけ長期の資金を調達しようという機運が企業側にも浸透してきました。ＪR西日本が40年債を発行したり、味の素が20年債を発行したりしています。以前だったら、こんな長期の社債は消化できなかったと思いますが、今は少しでも金利の高いものにと、お金は敏感に反応するようになっているのです。

今後は、個人や銀行が少しでも高い金利を選考する傾向がますます強くなっていくでしょう。そうなってくると、俄然注目を集めるのが、上場企業の配当利回りではないでしょうか？

日本経済新聞（電子版）のマーケット欄にある平均配当利回りを見ると、東証1部全銘柄の配当利回りは前期基準で２・17％となっています。昨今、物言う株主が増え、株主還元が叫ばれてきました。その結果、企業は配当を増やす傾向にあります。ヤフーファイナンスの配当利回りランキングを見ると、４％以上の企業はたくさんありますので、こうした高配当銘柄には自然と資金が流れてくるはずです。

平均配当利回り

（2016年9月29日）

項目名	前期基準	予想
日経平均	1.87%	1.86%
JPX日経インデックス400	1.67%	1.67%
日経300	1.86%	1.84%
東証1部全銘柄	1.87%	1.87%
東証1部全銘柄（加重）	2.15%	2.15%
東証2部全銘柄	1.99%	1.97%
東証2部全銘柄（加重）	1.51%	1.52%
ジャスダック	1.89%	1.88%
ジャスダック（加重）	1.60%	1.65%

（資料）日本経済新聞電子版

配当が増えるトレンドになっている

配当利回り（会社予想）ランキング

（2016年9月29日）

順位	市場	名称	取引値	1株配当	配当利回り
1	東証JQS	(株)大塚家具	1,018	80	7.86%
2	東証1部	デクセリアルズ(株)	863	55	6.37%
3	東証JQS	インヴァスト証券(株)	1,168	72	6.16%
4	東証JQS	アールビバン(株)	497	30	6.04%
5	福岡Q	日創プロニティ(株)	523	30	5.74%
6	東証JQS	(株)クリップコーポレーション	911	50	5.49%
7	東証JQS	(株)アーバネットコーポレーション	329	18	5.47%
8	東証JQS	(株)マックハウス	741	40	5.40%
9	東証JQS	リベレステ(株)	746	40	5.36%
10	東証1部	明和地所(株)	566	30	5.30%
11	東証1部	双葉電子工業(株)	1,669	88	5.27%
12	東証2部	西菱電機(株)	950	50	5.26%
13	東証1部	(株)あおぞら銀行	351	18.4	5.24%
14	東証JQS	(株)グラファイトデザイン	387	20	5.17%
15	東証1部	ビーピー・カストロール(株)	1,295	66	5.10%
16	東証JQS	(株)サンウッド	498	25	5.02%
17	東証JQS	(株)ウエストホールディングス	705	35	4.96%
18	東証1部	(株)学究社	1,212	60	4.95%
19	東証1部	アイダエンジニアリング(株)	809	40	4.94%
20	東証JQS	常磐開発(株)	407	20	4.91%
21	東証1部	サンデンホールディングス(株)	306	15	4.90%
22	東証JQS	(株)藤商事	1,023	50	4.89%
23	東証2部	三井金属エンジニアリング(株)	923	45	4.88%
24	東証JQS	(株)アールシーコア	964	47	4.88%
25	東証1部	黒田電気(株)	1,951	95	4.87%
26	東証1部	京都きもの友禅(株)	867	42	4.84%
27	東証1部	(株)リコー	929	45	4.84%
28	東証JQS	国際計測器(株)	829	40	4.83%
29	東証1部	(株)バイテックホールディングス	1,036	50	4.83%
30	東証1部	日産自動車(株)	1,003.50	48	4.78%

（資料）ヤフーファイナンス

8 キャッシュリッチ企業の自社株買いは続く

5月は毎年「Sell in May!!」ということで、株を売って逃げるのが正解とされていますが、2015年を振り返ると、必ずしもそうはなっていません。ニューヨークダウと日経平均を比べてみるとよくわかりますが、確かにニューヨークは5月に売って正解だったと思います。一方、日本株のほうは、手元資金を有効に活用できていないキャッシュリッチ企業が多いため、株主からの資本を有効活用できていないという批判をかわすために、自社株買いを盛んに行いました。その結果、日本株は8月まで上昇し、高値をつけたのです。

実はバブル崩壊後、日本株の持ち合い解消が進んだ結果、外国人投資家の比率が3割以上という企業もめずらしくなくなってきました。今や物言う株主は無視できない存在になっていて、世界最大手の議決権行使助言会社（Institutional Shareholder Services）は**過去5年間、ROE（株主資本利益率）が5%を下回り、かつ改善傾向にない場合、経営トップの再任に反対する方針を打ち出しています**。つまり、外国人持ち株比率の高い大手企業では、いつ社長が解任されるかわからないわけで、今までのような持ちつ持たれつのなれ合いの株主とは違い、危機感を持って対応せざるをえなくなりました。

とくに日本企業はバブル崩壊後、設備投資を控え、いざというときに備えて内部留保を貯め込んできました。リーマンショックを経験して、ますますその傾向は強まっています。積み上がったキャッシュは企業がそのまま抱えていますので、ROEの低い会社が日本にはゴロゴロしています。

にわかに浮上したROEですが、この比率を上げるのに手っ取り早いのは、**内部留保を取り崩して自社株を買う**ことです。もちろん、**配当を増やす**ことも、貯め込んだ現金を使いますので、同じ効果があります。両方とも株価にはプラスに働きますので、株主にも喜んでもらえる対策です。

しかし、本当に将来の成長も見据えてROE重視の経営をするなら、設備投資を増やしたり、研究開発費を増やしたり、将来の売り上げや利益増につなげる投資をするのが本来の姿だと言えます。とはいえ、2016年10月19日の日本経済新聞に1~9月の上場企業の自社株買いが4兆3500億円に上り、過去最高となったことが報じられたように、今後もキャッシュリッチ企業の自社株買いは止まらないと思います。

ニューヨークダウと日経平均

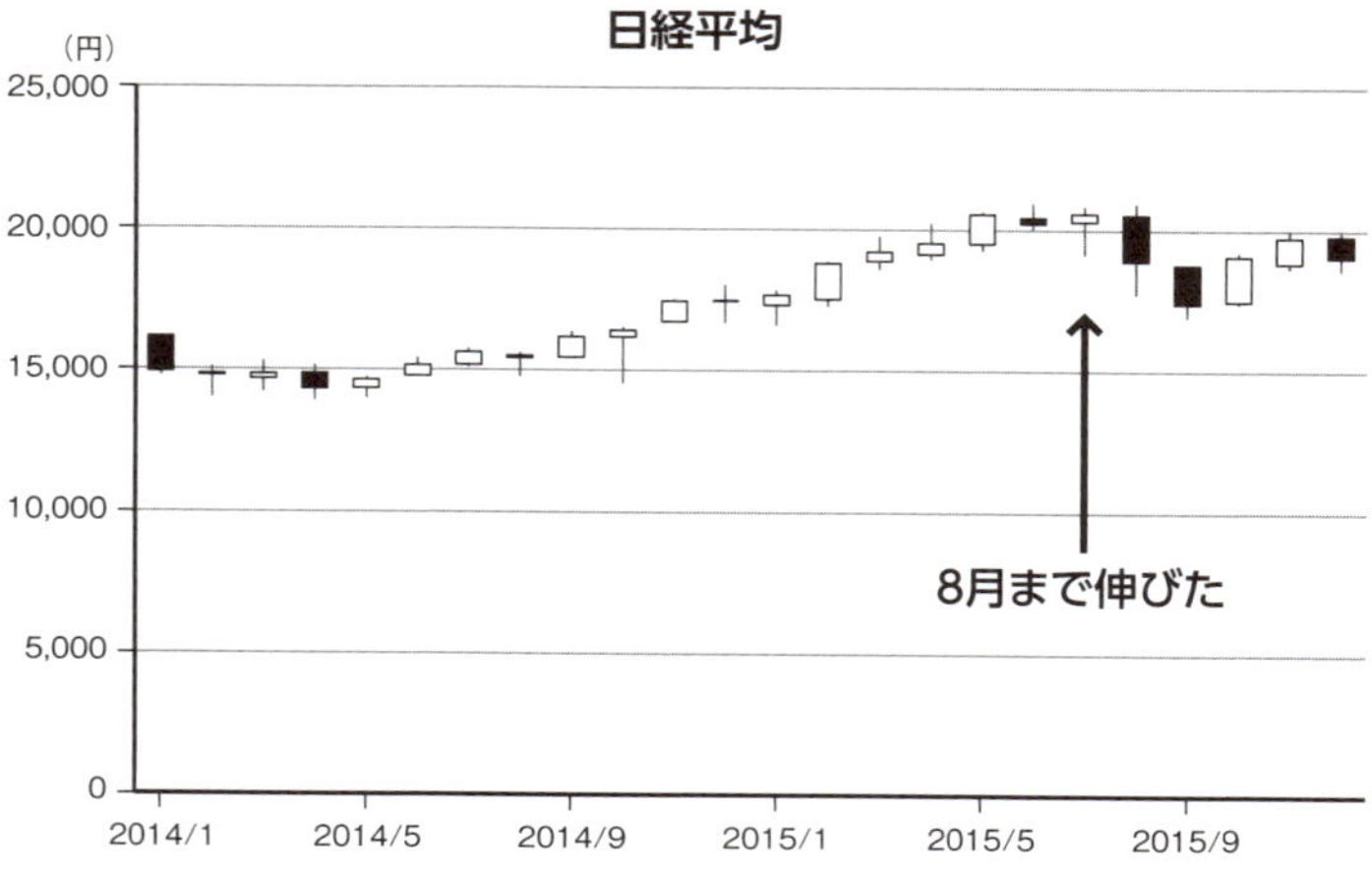

9 法人税減税で1株当たり利益が上昇する

株価が割安なのか割高なのかを判断する指標の1つに、**ＰＥＲ（株価収益率）**という指標がよく使われます。一般的に、ＰＥＲが市場平均や業種平均より低ければ割安と言えますし、高いと割高ということになります。ＰＥＲの算出式は次のようになります。

ＰＥＲ＝株価÷1株当たり利益

株価１００円の銘柄の1株当たり利益が10円だとすれば、１００÷10＝10となり、ＰＥＲ10倍まで買われているということになります。

政府は２０１６年度税制改正大綱の中で、現行の法人実効税率32・11％を29・97％へと前倒しで引き下げることにしました。もともとは、２０１６年度に31・33％まで引き下げ、２０１７年度で20％台に下げる予定でしたが、アベノミクスが失速する懸念が出てきたことから、先手を打ったのではないでしょうか。

税制大綱で稼ぐ力のある企業の税負担を軽減すると明記していることから、設備投資や賃上げを促し、個人消費の拡大やさらなる企業収益の押し上げで、デフレから脱却したいという政府の意図があると言えるでしょう。

株価的に考えると、**減税の効果はダイレクトに企業の純利益を押し上げる効果があります**。みなさんも『会社四季報』を見る機会は多いと思いますが、実は『会社四季報』に記載されている純利益は、**税引き後利益**が掲載されています。つまり、法人税減税によって、これが今期末に増えてくるのです。当然、純利益を発行済み株数で割った1株当たり利益も増えます。純利益が何の努力もなしに嵩上《かさあ》げされますので、手元に残ったキャッシュをM&Aや自社株買いなどに充てる企業も増えるでしょうし、海外企業の日本への進出もしやすくなります。

第2次安倍内閣発足時、2013年度に37%だった法人実効税率が2016年度には29・97%にまで下がりますので、株高へのインパクトがじわりと出てくるはずです。安倍政権の支持率は株高が支えていることも忘れてはならない事実だと思います。

減税で株価が上がるメカニズム

法人実効税率が低下

↓

税引き後利益の上昇

↓

設備投資、M&A、自社株買いなどの増加

↓

さらなる増収

↓

株価上昇

10 1年後に日経平均2万5000円も夢じゃない

「株で勝ちたかったら、国策には逆らうな！」、または「中央銀行には逆らうな！」と言いますが、安倍総理のスタンスも中央銀行の黒田総裁のスタンスもともに、株高による資産効果によって消費を刺激し、デフレを脱却することを目指しています。正直、この二人がトップに立ってから、為替は円安に進み、日経平均は2万円までの上昇を見せました。GPIF（年金積立金管理運用独立行政法人）が国内株式の運用比率を12％から25％に増やしたのは驚きだったと思います。

さらに日銀は年間3・3兆円のETF買い入れ枠を7月の政策決定会合でなんと6兆円に増額しました。日経平均が下落した場合はかなりの下支え効果がありますので、投機筋にとって売り崩しにくい環境となったのは間違いありません。

政府は2016年5月に「骨太の方針」の素案と人口1億人を維持するための「ニッポン一億総活躍プラン」を策定しました。それによると、2021年度までに国内総生産（G

DP）を600兆円に増やすことや、同一労働同一賃金で2000万人いる非正規社員の待遇改善を目指すことが盛り込まれています。日本は正規、非正規社員の格差が諸外国と比べて著しいことが問題視されてきました。生涯賃金で比較しても、倍の格差が発生しているのは異常な状況だと言えます。これが是正されれば、消費にプラス効果が現れるでしょうし、少子化にも歯止めがかかると思われます。

ほかにも、国家戦略特区や総合特区、構造改革特区などを利用した規制改革や税制優遇、大規模再開発プロジェクトが2020年のオリンピックまで目白押しとなっており、外国企業を5年かけて500社以上誘致する計画も進行中です。

一方で、老朽化したマンションの建て替えを推進するために、従来は区分所有者の5分の4の合意が必要でしたが、再開発事業で施工する場合は3分の2の合意に緩和されました。同時に、容積率緩和というプレゼントが各特定行政庁の判断で可能になりました。全国に耐震基準を満たしていないマンションは60万戸もあると言われていますので、今後は規制緩和によって建て替えが進むものと思われます。

私はかねてから、最も簡単な景気刺激策は容積率緩和だと思っていました。仮に容積率を倍にすれば、延べ床1000㎡のマンションだった敷地に、2000㎡のマンションが建つわけですから、半分を売却して自分たちは同じ広さの新築マンションに手出し費用（自己負担）なしで移り住むことも可能になります。財政出動なしに、老朽化したマンションが一気に新しくなって、税収も上がるため、政府としても一石二鳥どころか三鳥ぐらいの効果があるはずです。

2013年から日銀は量的緩和政策によってマネタリーベースを拡大してきましたが、それが貸し出しに回らず、再び日銀に還流していることを問題視して、ついにマイナス金利導入にまで踏み切りました。黒田総裁の「問題があれば、躊躇《ちゅうちょ》なく追加緩和に踏み切る用意がある」という発言は軽視しないほうがいいでしょう。中国経済の変調などの海外要因の悪化がないという前提ではありますが、日経平均は1年後に**2万5000円も夢じゃない**と思います。

以上、株高の要因をいろいろ述べてきましたが、日本株が大きく調整している今は、次の上昇へのエネルギーを蓄積している段階です。ここは次の上昇に向けて、アベノミクスで大きな上昇相場がなかった低位株を仕込んでみるのもいいと思います。

株高になる政策がとられている

日銀のETF買い入れ枠の増額

GDP600兆円を目指す

東京オリンピックなど大型プロジェクト

容積率緩和でマンション建て替え

↓

景気高揚、株価上昇の
条件が揃っている!

第2章

なぜ低位株の待ち伏せ投資が億トレーダーへの近道なのか

1

売り叩かれた今だからこそ低位株にチャンスが到来

日経平均株価は、２０１５年８月に2万９４６円93銭の高値をつけて、その後は1万５０００円割れから1万８０００円付近までのレンジ相場となっており、調整が続いています。高値から５０００円前後もの下落になってしまったのは、為替が１２５円85銭から99円08銭まで短期間で26円も円高に動いたことが原因です。もちろん、新興国経済の低迷や原油価格下落に伴うアメリカ経済減速の懸念も影響していますが、主たる要因は為替だと言えます。

自動車やハイテク、機械などの輸出関連企業の株価は、今後、簡単には上昇しないと思いますが、こんなときでも証券会社は食べていかないといけませんから、幕あいつなぎにほかの業種や市場を動かさざるをえません。

日経平均が冴えなかった4月、５月は、そーせいグループが連日大商いとなってマザーズ指数の牽引役となり、マザーズ指数は２０１３年5月以来3年ぶりに１２２６ポイントの高値をつけました。これも、輸出株や主力株が手掛けづらいため、短期資金が幕あいつなぎでマザーズ市場に流れ込んだものだと言えます。実は、昔から個人投資家は値動きの激しい株が大好きなのです。

ほかにも個人投資家が好きな株と言えば、なんといっても**低位株**です。個人投資家は自由になる投資資金が少ないため、1単位買うのに何百万円もする値がさ株をなかなか買えません。よほど惚れ込んでいたり、確かな情報を得ているのなら別ですが、買ってすぐに値下がりしても、2~3回ナンピン（保有銘柄が値下がりしたときに、さらに買い増すこと）を入れて買い単価を下げられるくらい安い株がいいと思います。

一般的に低位株は**1株500円以下のもの**を指しますが、1単位が1000株だとすると、500円の株を買うのに50万円+手数料が必要です。これでは、資金の少ない投資家は1回の失敗で身動きが取れなくなってしまいます。値上がり率をねらって稼ぐのならば、低位株の中でも、もう少し価格の安い銘柄をターゲットにしたほうがいいと思います。

低位株はしばらく大相場がなかったため、売り叩かれたまま放置されています。1株100円台の銘柄でも、ちゃんと配当を出している銘柄がたくさんあるので、そんな銘柄を今のうちに拾っておけば、1年後、2年後にはかなりの成果が得られることでしょう。

低位株 とは

1株500円以下のもの

ただし、500円の株でも
50万円は必要なので、
100円台のもっと安い銘柄を
探してみよう!

2 買うのも売るのも待ち伏せが一番！

私が株で勝てるようになったきっかけは、買うにも売るにも**待つことができるようになった**ことです。「お金儲けの神様」と呼ばれた作家の邱永漢さんが、株の儲けは我慢料だとご著書でも書いていますが、その表現はとても的を射た言葉だと思います。今でもときどき噛みしめているほどです。

まず、どの銘柄を買うか決まったとしても、**すぐに買ってはいけません**。株にはタイミングが欠かせないからです。もちろん、売るときのタイミングも大事ですが、買うときのほうがもっと重要です。

ほとんどの投資家は「株で一儲けして旅行に行こう」とか「車を買おう」「マイホームの頭金をつくろう」と思っています。中には「株で1億つくろう！」などと壮大な目標を持って株式市場にやって来る人もいます。言ってみれば、市場参加者全員が欲望の塊というわけです（笑）

そんな人たちですから、最初は毎日勢いよく上昇している銘柄に目を奪われてしまいます。「今日も上がるだろう、きっと明日も上がるだろう」と勝手に思ってしまい、我慢できずに飛び乗ってしまいます。

考えてみてください。信用取引の空売りは別として、株は安いときに買って、高いときに売ってこそ儲かるのです。勢いよく上昇しているときは、誰が考えても高いときです。それを大胆にも成り行きで買いにいくからケガをするわけです。安くて動かない時期にコツコツと買っていた投資家が、ここぞとばかりに利食い売りを出してきます。それに飛びついて、初心者はいつもプロやセミプロ投資家の餌食になっているのです。

株で勝ちたいのなら、まず絶対に、**勢いよく上昇している株に飛びつかない**と約束してください。飛びつき買いを繰り返していたら、資金はどんどん減っていき、1年もしないうちに株式市場から退場させられてしまいます。

初心者はたまたま儲かったときの興奮が忘れられず、なかなか飛びつき買いをやめられません。パチンコで大当たりして、それから病みつきになってギャンブル依存症になってしまうのと同じだと言えます。自分の持っている株が毎日上昇する興奮や喜びを一度味わってしまうと、ほとんどの人は株依存症にかかってしまうはずです。私が5年間も飛びつき買いをやめられなかったのも、今思えば、株依存症にかかっていたのでしょう。

株式投資は、**買うのも売るのもタイミングがすべて**ですので、長期の月足チャートを見て株価が高くなっているときは証券口座にキャッシュを積んで、しばらく休むくらいの行動がとれないと、まず勝つことはできないと言えます。

3 大きく増やすには低位株効果を利用する

私が低位株をすすめるのには、ちゃんとした理由があります。それは、**低位株効果**と呼ばれるものがあるからです。

一般的に、**値がさ株より低位株のほうが上昇率が高くなる**傾向があります。例えば、株価50円の株が１００円になる可能性と、５０００円の株が1万円になる可能性では、どちらが高いでしょうか？　理論的には、どちらも倍になる可能性を聞いているのですから、本来は同じであると思われるかもしれません。しかし、現実は違います。

仮に売買単位がどちらも１０００株単位だとしたら、50円の株は5万円で買うことができますので、誰でも気軽に参戦することが可能です。一方、５０００円の株は５００万円を持っていないと買えないので、個人投資家で参加できる人は極端に減ってしまいます。過去の相場においても、**全員参加型の安い株のほうが意外高を演じている**のは言うまでもありません。

値がさ株の代表銘柄でもあるファーストリテイリング（ユニクロ）の株価は、9月30日時点で3万2290円しているのですが、売買単位が100株なので、買う場合は少なくとも322万9000円と手数料分を用意しなければいけません。個人投資家が簡単に参戦できる銘柄ではないのです。

例えば、この株がここから株価倍増を果たすには、よほど大きなニュースや大幅な利益増加がないと無理だと言えます。なぜなら、多くのアナリストや機関投資家、証券会社などによって将来の予想利益や成長性までリサーチされているので、サプライズな変化が起きる可能性が低いからです。そんな銘柄が、ある日突然、上昇しだしたり、株価が短期で倍になることはまずありえません。

投資資金を早く大きく増やそうと思ったら、値がさ株に比べて上昇率で勝っている低位株を中心に売買するのが一番効率的だと言えます。株の初心者は、とくに誰もが知っているトヨタやファナック、村田製作所、武田薬品などの値がさ株に投資しがちですが、これらの株は低位株のように株価が短期間で倍になることはありません。株で儲けようと思ったら、**誰も知らないような安い銘柄を買って、大きく上昇し始めるまで持ち続ける**ことです。

いつ上がるかわからない株を所有し続けるのは心配ですし、売却するまではずーっと不安だけが募りますが、ひたすら信じて待つことによって、思わぬ上昇相場に遭遇することがあるものです。株というものは、上がらないからといって、しびれを切らして売った途端に上昇することがよくあります。私の過去の経験からも、乗り換えて損をするパターンのほうが圧倒的に多いです。

値がさ株より低位株

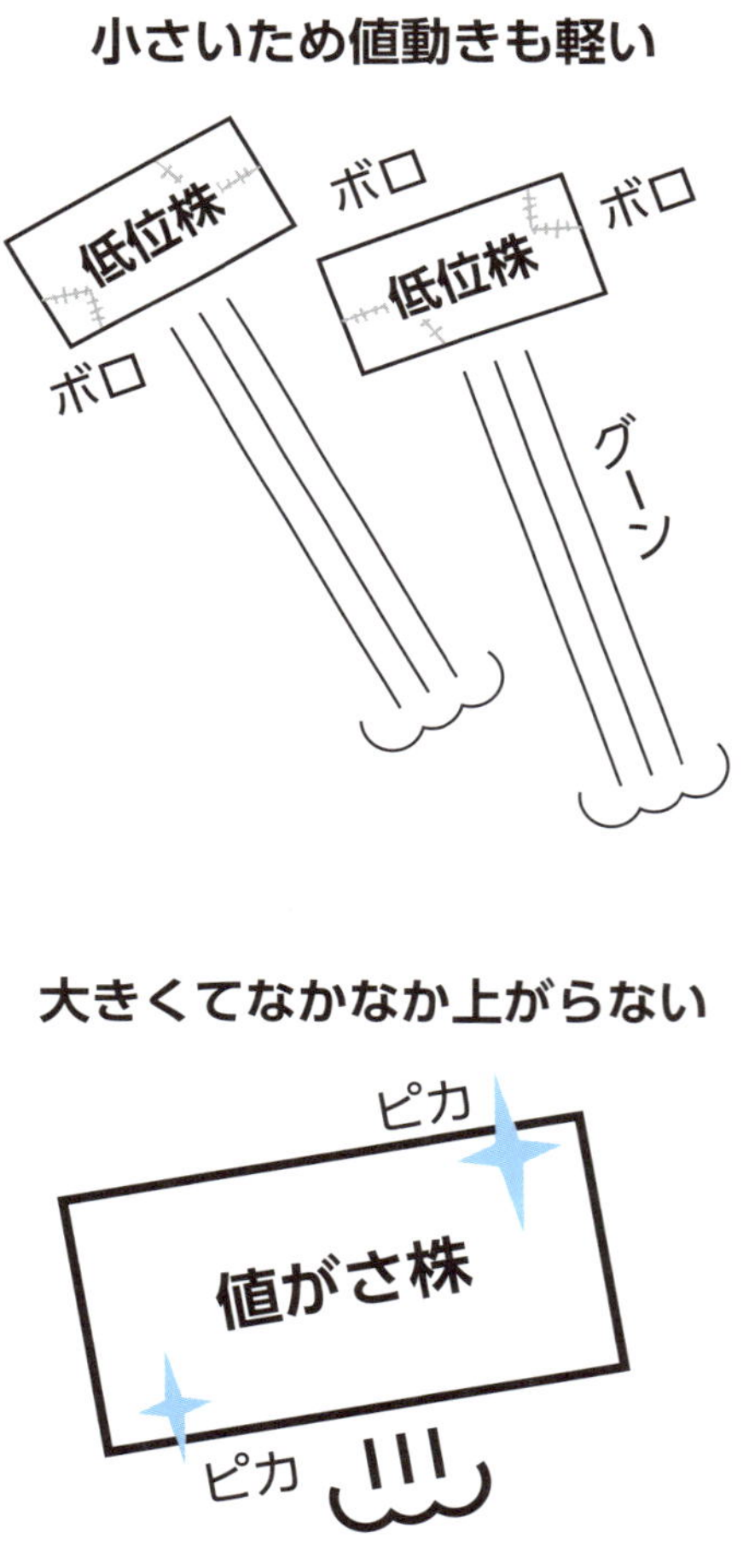

4 発行済み株数と浮動株比率の少ない小型株が有利

株の値段は何で決まると思いますか？　ファンダメンタルズ、企業業績、個別材料など、相場全体や株価を動かす原因はいろいろ思いつくでしょう。確かにいろいろな要素が絡み合って株価は形成されますが、最も的を射た答えは**「需給」**だと思います。

株の世界では、業績を無視して驚くような高値まで買い進まれることがありますし、業績を無視して恐ろしいほどの安値まで売り込まれてしまうこともよく起こります。ですから、株の世界では**「需給はすべてに優先する」**なんて言われることもしばしばです。

『会社四季報』を見ると、ページのやや左上のほうに発行済み株数が掲載されています。例えば、証券コード5406の神戸製鋼所を見ると「【株式】3,643,642千株」と書かれています。このうち実際に市場で売買されているであろう浮動株比率は20・1％になっています。発行株数×浮動株比率で市場に出回っている株数を計算すると、7億3237万2千株もの株が市場に出回っていることになります。

これに対し、同じ東証1部、証券コード7608のSKジャパンという株は、わずか8490千株しか発行株数がありません。浮動株比率は13・1％なので、市場に出回っている株数を計算してみると1112千株ですから、好材料が出てちょっと人気化し、買い注文が殺到すると、あっという間に値段が上昇してしまうはずです。

ためしに、SKジャパンのここ1年のチャートを見てみましょう。予想どおり、株価は大きく動いています。「需給はすべてに優先する」という話をしましたが、**発行済み株数と浮動株比率の少ない株は、必然的に値動きが軽くなります**。ちょっとした買いでも上昇しやすい体質を備えていますので、いったん人気化すると、大陽線（始値より終値のほうが高いローソク足で、その幅が大きいもの）が出現する可能性がとても高いのです。

これに対して神戸製鋼所は、流通している株数が多いため、いきなり大陽線が出現することはほぼありえませんし、動きもチャートを見る限り、ゆっくりとした緩慢な値動きになっています。

2銘柄のチャートを比較すると一目瞭然ですが、発行株数および浮動株比率の極端に少ない銘柄は、人気化した際の瞬発力がとても大きいことがおわかりいただけると思います。

神戸製鋼所とSKジャパン

5 低位株には高い収益性が期待できる！

株式で運用しようと市場にやって来たからには、当然、高い収益を期待していることと思います。実は、高い収益の得られる銘柄というのは、その反面、**リスクも高くなります**。「虎穴に入らずんば虎児を得ず」と言われるように、収益とその裏に存在するリスクは表裏一体のものです。

低位株は、高い値段で買うと、恐ろしいくらいの下落リスクがあります。株の世界では、**下げるときのスピードは上昇するときの3倍**だと言われるほどです。本書では小型の低位株に的を絞っていますので、取引高は薄く、下落相場では売りたくても取引が成立しないことだってあるかもしれません。

ここで重要なのは、銘柄選びと買うタイミングです。銘柄については、**毎年のように5割高以上上がっている銘柄**を第5章と第6章でスクリーニングしていますので、参考にしてください。問題は買うタイミングです。どんな銘柄でも高いところで飛びついたのでは、あとは下落しかありませんし、下落途中で買ったのでは、引き続き坂道を谷底まで転げ落ちていくしかないのです。

そこで、買うときこそ、慎重の上にも慎重を期してください。なるべく下値不安のない、大幅に下落したあとをねらいます。**長期にわたって下値を横這っている銘柄**がベストです。チャートで横這いが長い銘柄は、売りたい投資家がすでに売っているので、これ以上は下がらないという位置に到達している可能性が高いと言えます。あとは長期の月足チャートを見て、**株価が一定のサイクルを描きながら上下を繰り返している銘柄で、チャートの谷底付近にあるもの**を選びましょう。

もちろん、これらの銘柄を買う際にも、市場全体の下落に引きずられる可能性があるので、最低単位で試し買いを入れてみて、様子を見ながら株数を増やしていくのがいいと思います。絶対に**一度にドカンとまとめて買うやり方はしない**ことです。株式投資では、資金管理をきちんとできるかどうかが、大きな暴落に遭遇したときの生死の分かれ道となります。ものすごい暴落が目の前で起きているのに、お金がまったくないために、指をくわえて見ているだけという状況は、投資家として避けなければいけません。

いつ買うかを見極めるためには、長期の月足チャートがすごく有効です。株というものは、下げ始めたら、月足陰線が6本くらいは連続して出現するものです。つまり、これは半年間ずーっと下げ続けているということですから、買った投資家は嫌気がさしてブン投げるか、塩漬けを決め込んであきらめるかのどちらかを選択することになります。その反対に、底練りから上昇に転じた場合は、月足で何カ月も陽線が連続して出現したりしますので、買うタイミングによって結果は天と地ほど違うということになります。

買うポイントはここ!

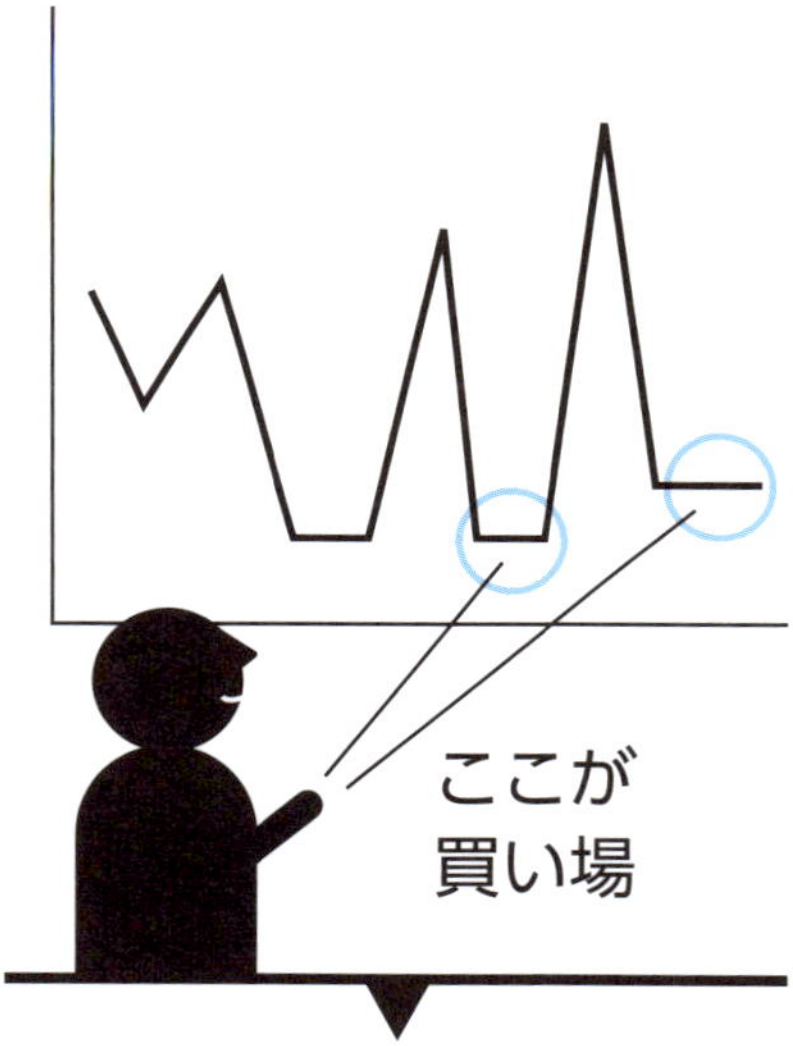

何度も上昇する銘柄で、しばらく横這いになっているところを買おう!

6 定期的に大噴火する間欠泉銘柄で待ち伏せ投資

低位株投資の魅力は、買いが買いを呼び込んで、ときどきびっくりするくらいの高値まで大噴火するところです。一度でもあの興奮を味わった投資家なら「あの感動をもう一度」となるのも当たり前だと思います。過去に高値をつけた銘柄には、熱烈なファンが多くいます。株式投資はよく美人投票だと言われますが、過去に選ばれた銘柄は、再び圧倒的な支持で選ばれる可能性が高いのです。**美人は年をとってもやっぱり美人**なのです……。

２００９年11月に発行した拙著『低位株必勝ガイド』（ダイヤモンド社）の表紙には「見よ！　この『共栄タンカー』の爆騰ぶりを」というキャッチコピーとともに、あえてこの銘柄のチャートを掲載しましたが、実はその後も、この株は定期的に噴出する間欠泉のごとく、暴騰を繰り返しています。こんな銘柄を月足チャートを見て底値付近で買って、倍ぐらいで売れれば、億トレーダーも夢ではありません。

このような銘柄の下落をじっくり待って買い、上昇するのをじっくり待って売る。これを繰り返すだけです。少しでも早く儲けたい、大きく儲けたいという一心でいろいろな銘柄に一喜一憂し、売買を頻繁に繰り返す投資家は多いのですが、そんなことをやっていても、儲かるのは確実に手数料が入る証券会社だけだということに早く気づくべきです。

参考までに共栄タンカーのチャートを掲載します。2005年に株価が2倍以上に上昇する相場があって、2006年半ばまで調整し、7月に243円の底値をつけ、2007年6月にはなんと762円まで3・1倍に暴騰する大相場を演じています。翌2008年10月に再び165円で底をつけ、2009年6月には355円と倍増を達成しました。

その後も2011年11月まで調整し、98円で底を確認したのち、翌2012年2月に再び271円と2・7倍まで暴騰しています。同年9月に146円まで調整しましたが、2013年3月には329円と倍以上に上昇しました。2014年からは横這いのチャートになっていますが、それでも190円まで下落したあとすぐに260円まで上昇しているので、この株だけで過去何度も資産倍増のチャンスはあったということになります。

もちろん、株の世界では「おいしいところだけ食べて、頭としっぽはくれてやれ」という格言があるように、底値から高値までごっそり取ることは不可能ですが、**ときどき大噴火する間欠泉のような銘柄をねらう**ほうが利食いしやすいのは明らかです。

共栄タンカーの10年チャート

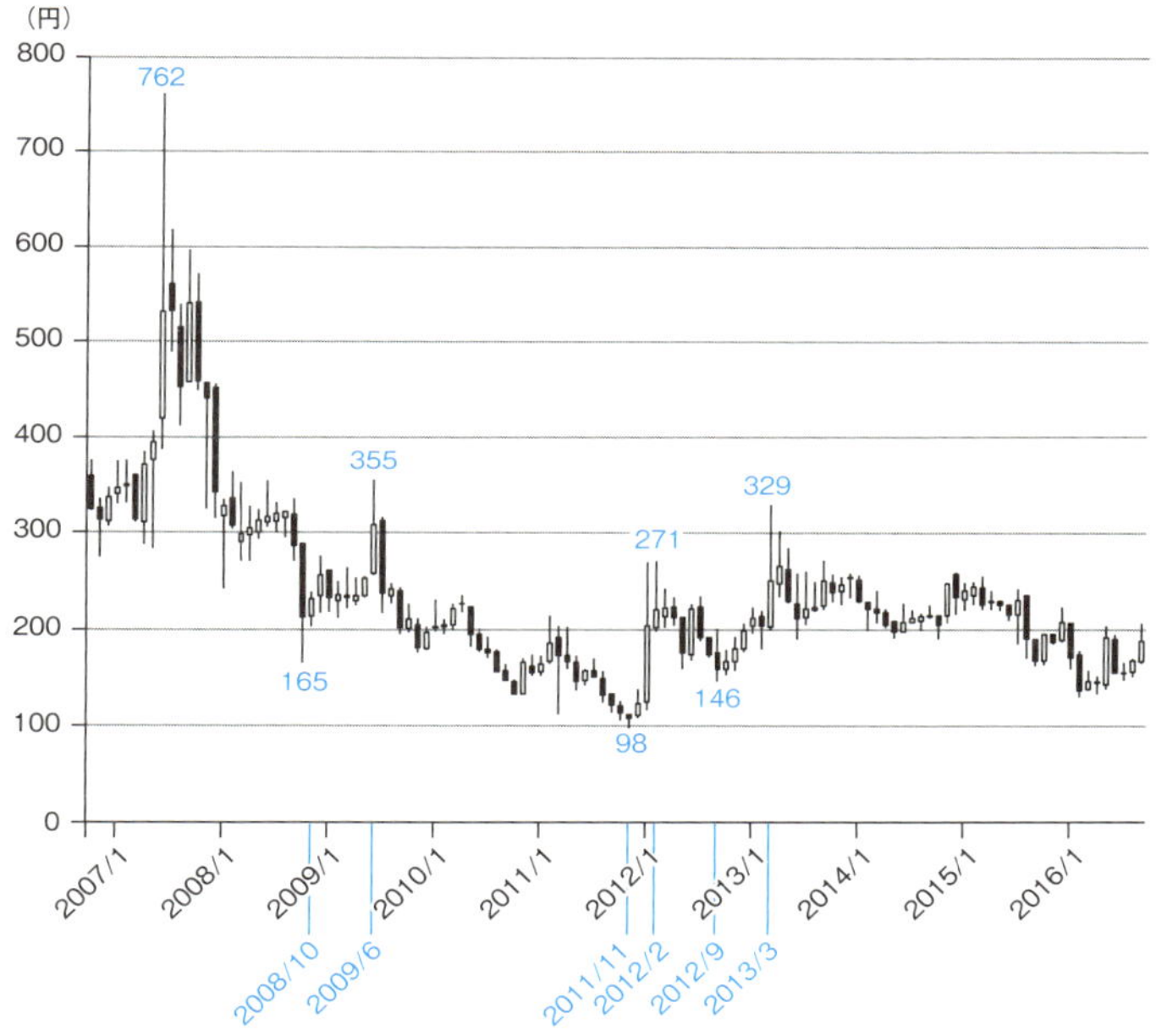

7 外国人や機関投資家が参戦しない2部市場に妙味あり

株の世界では、最終的にお金をたくさん持っている投資家が有利だと言われています。それは、資金さえあれば自分の意図した方向に相場を動かせるからです。昔は大手証券を中心に手掛けている銘柄が決まっていて、売買株数の占有率がかなり偏っているケースが散見されました。その後、規制が厳しくなって、そのようなことはなくなりましたが、素人がそうした銘柄に参入してしまうと、カモにされてしまいます。現在でも東証1部はCTA（Commodity Trading Advisor）と呼ばれる先物業者が大きな資金を動かしていて、東証1部の中でもとくに**日経225採用銘柄は先物に振り回される動きをしています**。

例えば、ニューヨークダウが200ドル上昇したため、日本株も上昇するだろうと思って買うと、高く寄り付かせておいて、勢いが止まるや否や、いきなりドル売り円買いとともに先物売りを仕掛けてきます。これでは、上にいくと思って朝買った投資家はたまりません。値上がりすると思っていたのに、いきなり値下がりし、さらに日経平均も大きく下落してしまいます。こんなことが毎日繰り返されていますから、素人が参入しても決して思い通りに動いてくれません。

それよりも、**先物がない東証2部や名証銘柄のほうが安心です**。東証2部や名証銘柄は商いが薄く、外国人投資家や大口の機関投資家の参入はありませんので、暴力的な動きは少ないと言えます。

大証1部と2部があった頃は、定期的に大きく上昇する低位株がたくさんあったのですが、大証がなくなってしまったのがとても残念です。ただ、その後、これらの銘柄は東証2部にほとんど移りましたので、今では東証2部が低位株ファンにとって主戦場になっています。

2部銘柄には、大口投資家やデイトレーダーなどのプロが参入してこない分、東証1部銘柄に比べると動きがゆるく感じます。例えば、決算発表当日、東証1部銘柄は、ネットで内容が開示されると、瞬時に売りか買いかの判断がなされて、一瞬で激しく動きますが、2部銘柄を見ていると、動きが出るまで少し時間がかかります。売りか買いかを判断するのに決算書を必死に読み解いているのだと思いますが、まだみんな判断がつかないんだなぁと思うくらい時間がかかります。そう思うと、生き馬の目を抜く株式市場でも、なんだかほっこりした気持ちになってきます。

また、悪材料が出て、朝一番に寄り付きで成り行き売りだろうと思っても、意外と日本経済新聞のニュースを見ていないのか、前日とそんなに変わらない値段で始まったりしますので、2部市場は明らかに素人が多いのではないでしょうか。**勝負するなら、プロのいない市場のほうがやりやすい**のは明らかだと言えます。

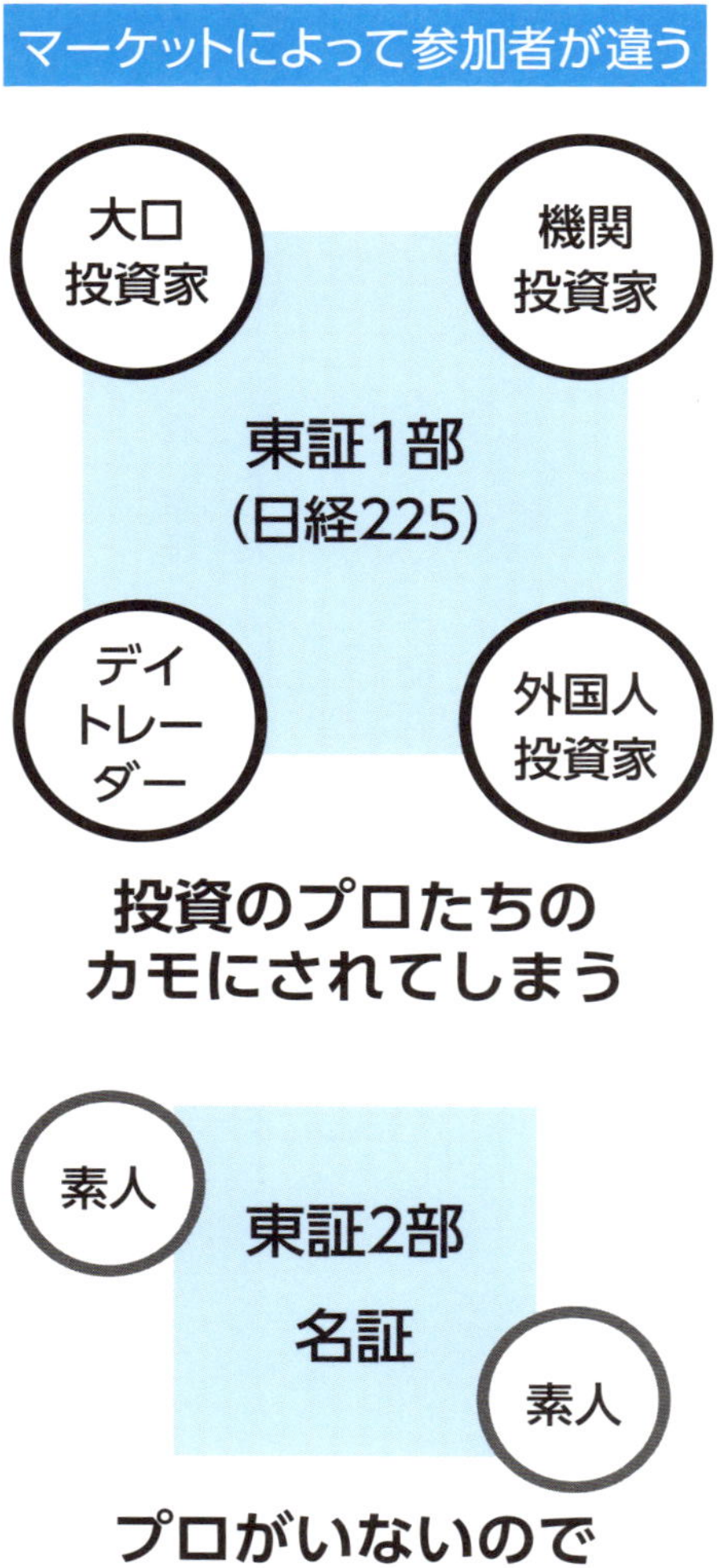
プロがいないので戦いやすい

8 高配当をねらえる低位株は今後も注目！

定期預金金利や国債や公社債利回りがこれだけ低下すると、株式配当利回りの高い銘柄に自然と注目が集まります。ヤフーファイナンスのマーケットランキングに配当利回り（会社予想）ランキングというものがあります。これは、全市場の上場企業の中で、配当利回りの高い順にランキングされているものです。私がこの文章を書いている２０１６年9月29日現在の終値ベースで見ると、配当利回りランキング1位はジャスダックの大塚家具です。なんと配当利回りは7・86％もあります。大塚家具は、前会長の大塚勝久氏が娘である久美子氏の経営方針に猛反対し、お家騒動が勃発してマスコミでも話題になりましたが、このとき双方が株主総会での票集め目的で異例の高額配当を提示したために、このような高利回りとなっています。株主からはうれしい悲鳴が聞こえてきそうですよね！

ヤフーファイナンスの配当利回り（会社予想）ランキングには、５００円以下の低位株もたくさん上位に入っています。低位株はひとたび上昇に転じると、上昇率が高くなる傾向があります。それを待てるかどうかがポイントなのですが、**配当が高い銘柄であれば、2年でも3年でも配当が来るのを楽しみに待ちながら、株を保有することができる**でしょう。ある程度中長期で保有することができれば、いずれやって来るであろう大きな山を確実にとらえることができるはずです。低位の高配当銘柄による待ち伏せ投資は、異常なまでに金利が低下した今だからこそ、成果が期待できる投資法ではないでしょうか。

ためしに配当利回り4％以上の低位株をリストアップして一覧表にしてみました。500円以下の銘柄だけでも50銘柄もあります。4％の利回りというと、今やスゴイ利回りです。5％以上の銘柄も5銘柄ありましたし、6％以上の銘柄も1銘柄ありました。

リストアップされた銘柄の市場を見ると、**新興市場銘柄**が多いのに気づくと思います。新興市場は小型株が多いため、景気のいいときは高配当銘柄が増えますが、業績の変化が激しいので、買ってみたらいきなり減配を発表したなんてこともあります。**業績動向は四半期ごとのチェックが不可欠**です。

低位株のサイクルは大きな上昇のあと下落していき、その後の底値が続きますが、月足チャートで見て底値期間が長い銘柄ほど下値は固くなっています。そんな銘柄を配当ねらいで買えば、多少の下落リスクにも耐えてじっくり待ち伏せすることができると思います。

低位株・配当利回りランキング

（2016年9月29日）

順位	市場	名称	取引値	1株配当	配当利回り
1	東証JQS	アールビバン(株)	497	30	6.04%
2	東証JQS	(株)アーバネットコーポレーション	329	18	5.47%
3	東証1部	(株)あおぞら銀行	351	18.4	5.24%
4	東証JQS	(株)グラファイトデザイン	387	20	5.17%
5	東証JQS	(株)サンウッド	498	25	5.02%
6	東証JQS	常磐開発(株)	407	20	4.91%
7	東証1部	サンデンホールディングス(株)	306	15	4.90%
8	東証2部	(株)ヤマダコーポレーション	275	13	4.73%
9	東証JQS	(株)ウィザス	338	16	4.73%
10	東証1部	セイコーホールディングス(株)	319	15	4.70%
11	東証1部	三共生興(株)	322	15	4.66%
12	東証2部	東海リース(株)	194	9	4.64%
13	東証JQS	(株)スーパーツール	390	18	4.62%
14	東証1部	田淵電機(株)	347	16	4.61%
15	東証1部	イチカワ(株)	262	12	4.58%
16	マザーズ	トラストホールディングス(株)	359	16.4	4.57%
17	東証JQS	藤田エンジニアリング(株)	468	21	4.49%
18	東証JQS	(株)ユーラシア旅行社	492	22	4.47%
19	東証2部	日本精蝋(株)	225	10	4.44%
20	東証2部	(株)戸上電機製作所	406	18	4.43%
21	東証1部	(株)りそなホールディングス	430.6	19	4.41%
22	東証1部	(株)みずほフィナンシャルグループ	172.4	7.5	4.35%
23	東証JQS	(株)平賀	347	15	4.32%
24	東証2部	三浦印刷(株)	151	6.5	4.30%
25	東証1部	(株)朝日ネット	420	18	4.29%
26	名証2部	富士精工(株)	235	10	4.26%
27	東証1部	共立印刷(株)	305	13	4.26%
28	東証JQS	(株)KG情報	497	20.8	4.19%
29	東証JQS	(株)エスイー	477	20	4.19%
30	東証2部	日本タングステン(株)	167	7	4.19%
31	東証JQS	(株)エスケーアイ	479	20	4.18%
32	東証2部	菊水化学工業(株)	385	16	4.16%
33	東証JQS	光ビジネスフォーム(株)	435	18	4.14%
34	東証1部	高島(株)	169	7	4.14%
35	東証2部	(株)フォーバルテレコム	362	15	4.14%
36	東証JQS	(株)ニチダイ	485	20	4.12%
37	東証1部	(株)コナカ	485	20	4.12%
38	東証2部	(株)中北製作所	487	20	4.11%
39	福岡Q	(株)ハウスフリーダム	365	15	4.11%
40	東証1部	(株)三城ホールディングス	439	18	4.10%
41	東証JQG	(株)トライアイズ	294	12	4.08%
42	東証1部	油研工業(株)	172	7	4.07%
43	東証1部	ミタチ産業(株)	591	24	4.06%
44	東証JQS	(株)サンオータス	296	12	4.05%
45	東証1部	永大産業(株)	420	17	4.05%
46	東証JQS	川辺(株)	173	7	4.05%
47	東証JQS	(株)UEX	247	10	4.05%
48	東証1部	東洋機械金属(株)	373	15	4.02%
49	東証1部	グランディハウス(株)	349	14	4.01%
50	東証2部	(株)ニッキ	325	13	4.00%

（資料）ヤフーファイナンスより著者作成

第3章

株で勝てないのには理由がある

1 下手くそな投資家ほど同じことを繰り返す

私が株を始めた1980年代は、株を買う場合、証券会社に現金を持っていき、口座を開設するしかありませんでした。注文はいちいち証券会社の支店に電話をして、数台設置されているクイック端末を担当者に叩いてもらい、現在値や気配値を調べてもらいます。そして、その情報を聞いて売買の判断をします。

欲しい株や売りたい銘柄があれば、その都度、自分から電話をして注文を依頼しました。証券会社の営業マンもお客に頻繁に売買させて手数料を稼ぐことが仕事ですから、場中に急騰してくる銘柄があると、「今日初めて上昇してきたので、買っておいて損はないと思いますよ！」などと客に電話をして、言葉巧みに煽ってきます。株を始めたばかりの頃は、まだ右も左もわかりませんから、「大手証券の担当者がすすめる銘柄だったら間違いないかな？」と思ってしまい、つい「買えるだけ買っておいて！」と返事をしてしまうのです。最初はこれの繰り返しで、資金がどんどん減っていきました。

ほとんどの株初心者はそうだと思いますが、動いているものに飛びついてしまいます。その日のストップ高銘柄には自然と目が行きますし、新聞の株式欄を見るときも、値上がり率ランキング上位銘柄をついチェックしてしまいます。私の場合は、さすがにストップ高となった銘柄は翌日大きく下落する可能性が高いため買いませんが、まだ相場が始まったばかりではないかと思われる10~20円程度上昇した低位株をねらって、翌日成り行き買いをしていました。今考えると、イナゴ投資家や素人筋が殺到してくるタイミングで買っていたわけで、これではカモがネギをしょって集まっているのと同じです。

株はギャンブルと一緒で「この銘柄こそ大相場になるかもしれない！」というわくわく感と興奮が忘れられなくて、**何度も同じことを繰り返してしまいます**。最初は、みなさんなかなかこれに気づきません。負ければ負けるほど取り返してやろうと思いますし、今度こそ絶対に勝ってやろうと思い、同じことを繰り返してしまいます。

私は相場全体が下落したときに買えるようになるまで、5年もかかってしまいました。パチンコをやり始めたときもそうでしたが、のめり込んでしまう性格のため、やり方を修正するのに5年も時間がかかってしまったのです。

同じ失敗を繰り返さないためには、**反省ノートをつくって記録に留めておく**ことをおすすめします。株で億トレーダーとして成功されている方にお会いすると、たいがいの人がトレード記録をつけています。当たり前のことですよね！

同じ失敗をしないために

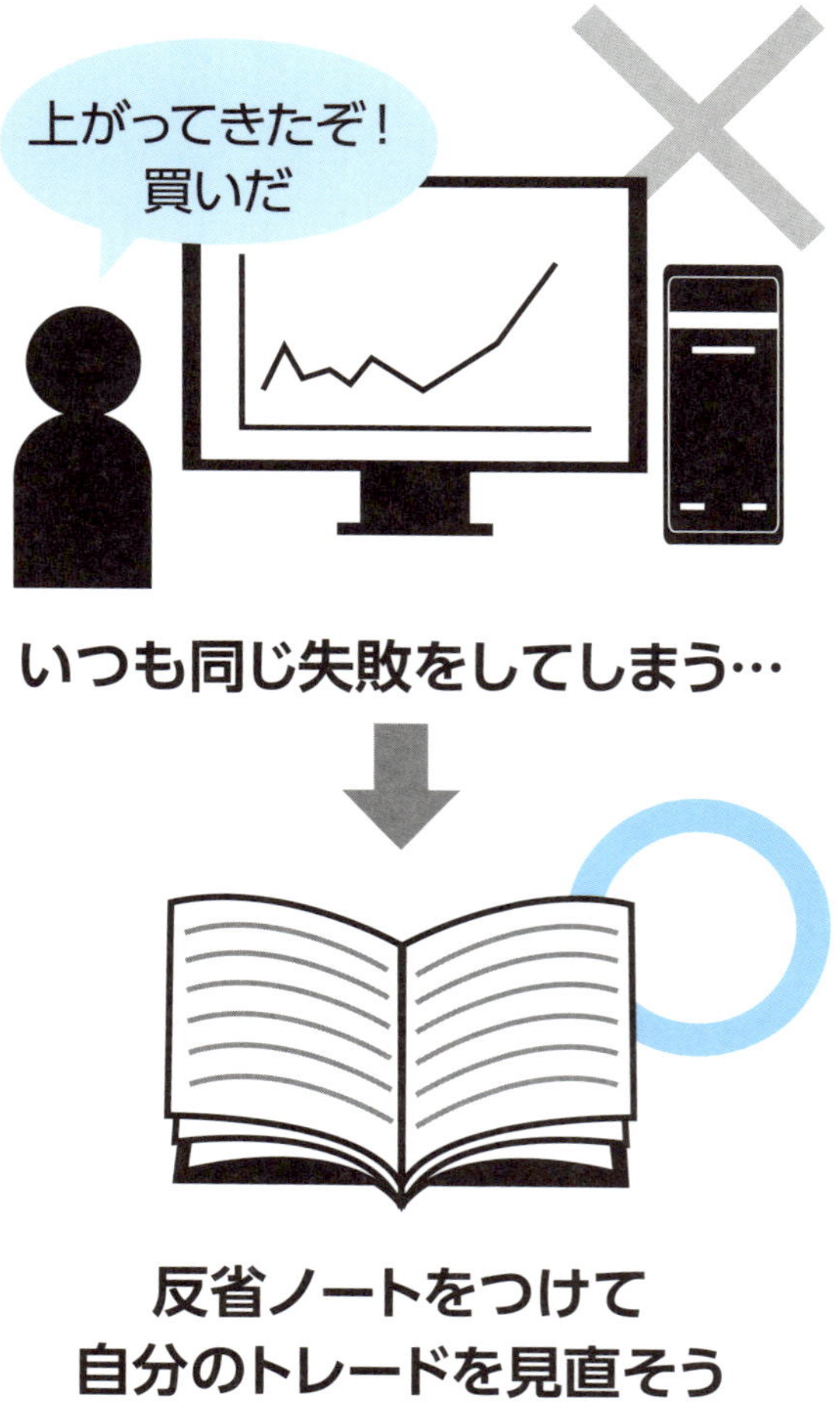
上がってきたぞ！
買いだ
いつも同じ失敗をしてしまう…
反省ノートをつけて
自分のトレードを見直そう

2 なぜ証券口座にお金があるとすぐに買いたくなるのか？

低位株の待ち伏せ投資では、ある程度長期のチャートを見て買いどきを判断したり、あるいは年に一度や二度やってくる暴落時に確実に買いを入れないと、大きな成果は得られません。それには、**常に証券口座にお金を積み上げておく**ことが必要です。

悲しいかな、人間、目の前にお金があると、使いたくなってしまうものです。競馬場や競輪場に行って、財布の中が空っぽになって帰った経験のある人はかなり多いと思います。また、競馬場や競輪場に朝から行くと、メインレースや最後のレースまでお金がもたないという経験をした人も相当いるでしょう。

株式市場は、毎日レースをやっている競馬場や競輪場のようなものです。現在はネット環境が整っているため、言ってみれば、**自宅が場外馬券売り場のようなもの**です。そんな環境にあって、お金を置いたままにしておくことは、おいしいご飯を目の前にしておあずけを命令された犬のようなものです。よほどの精神力がない限り、我慢できないのです。

では、どのようにすれば買い付け資金をうまく管理できるのでしょうか？　私は**証券会社2社で口座をつくって、一方の口座を暴落時の買い付け資金口座とし、キャッシュポジションを積み上げておく**ようにしています。普段使っている手数料の安いネット証券は、短期のデイトレやスイング専用として利用しています。こうして分けておけば、株のトレード自体はいつでもできますので、ゲームばかりしていて親にゲーム機を取り上げられた子供のようなストレスはたまりません。

株式市場にやって来て、お金だけ積んだまま、まったくトレードをしたらダメだというのは、ある意味、拷問に近いものがあります。自由にいつでもトレードできる環境の中で、自分が勝つために、いかに買うタイミングをじっくり待つことができるか——これが低位株の待ち伏せ投資法の基本スタンスになります。

株で勝つためには、まず**他人が超割安価格で投げてくれるのを待つしかありません**。では、どんなときに、そんなに安く売ってくれるのでしょうか。それは、ときどき訪れる、みんながパニックに陥っているときだけなのです。それまでお金を使わないで取っておくのは並大抵の努力ではできませんが、それができれば簡単に株で勝つことができるようになります。

手持ち資金を2つに分ける

普通のトレードに使う口座

A証券

- 手数料が安い
- 使い勝手がいい

暴落時の買い付け用口座

B証券

- いつでもトレードできるよう資金を温存しておく

3 なぜいつも分散して買えないのか？

すべての投資において、リスク分散を図ることは基本中の基本です。低位株投資では、**銘柄をいくつかに分散**して投資したり、**買うタイミングをずらして時間分散**を図ることが重要です。にもかかわらず、株初心者は大きな下落が来ると、大底だと判断して、ここぞとばかりに全力買いで一発逆転をねらおうとします。株式投資では、大底や天井は神のみぞ知るですから、それを当てにいくつもりで買うと、必ず痛い目にあいます。

買いたいという気持ちでずっーと待っていると、大きく下落して大陰線が出た途端、セーリングクライマックス（総悲観になって誰もが売りに走る下落相場の最終段階）がついに来たと思い、「キターー！」とばかりに勢いで買い向かってしまうのは、投資家に共通する心理だと言えます。でも、セーリングクライマックスはそんなに簡単にやって来るものではありません。

最初の大陰線は、これから相場が下落するだろうという単なるサインにすぎません。普通は、そこから怒涛の下落が始まるパターンがほとんどです。**大陰線が3つから4つ続いて、三空叩き込みというチャートパターンが出現すれば、相場は反転することが多い**と思います。

信用取引で買っていた投資家が追証発生に我慢できなくなったり、期限までに追証を払えず強制決済となって成り行き売りが入ると、リバウンドするというパターンがほとんどです。慣れてくると、セーリングクライマックスが場中に起きているのが見えるようになってきますが、日中仕事をされている投資家さんはずっと市場を見ているわけにはいきませんから、**底値付近で3回もしくは5回程度に分けて、ゆっくり買うようにする**のがいいと思います。

私も株を始めた頃は1円でも安く買いたくて、どこが底値だろうかと必死になって株価を毎日チェックしていましたが、今はそんな無駄なことはしません。底値を当てにいこうとはせず、底値付近で下がるたびに買いを入れればいいだけの話なのです。ですから、買い付け資金はあらかじめ**3回もしくは5回程度に分けて買えるくらい準備をしておく**ことをおすすめします。

株式市場は土日、祝日、年末年始を除いて毎日やっています。今日慌てて買わないと、株がなくなってしまうわけではありません。市場にはほかにもいい低位株がたくさんあるので、ここぞとばかりに買う必要はないのです。買おうと思ったら、むしろもう1日くらい待ってみる余裕があるほうが勝てると思います。

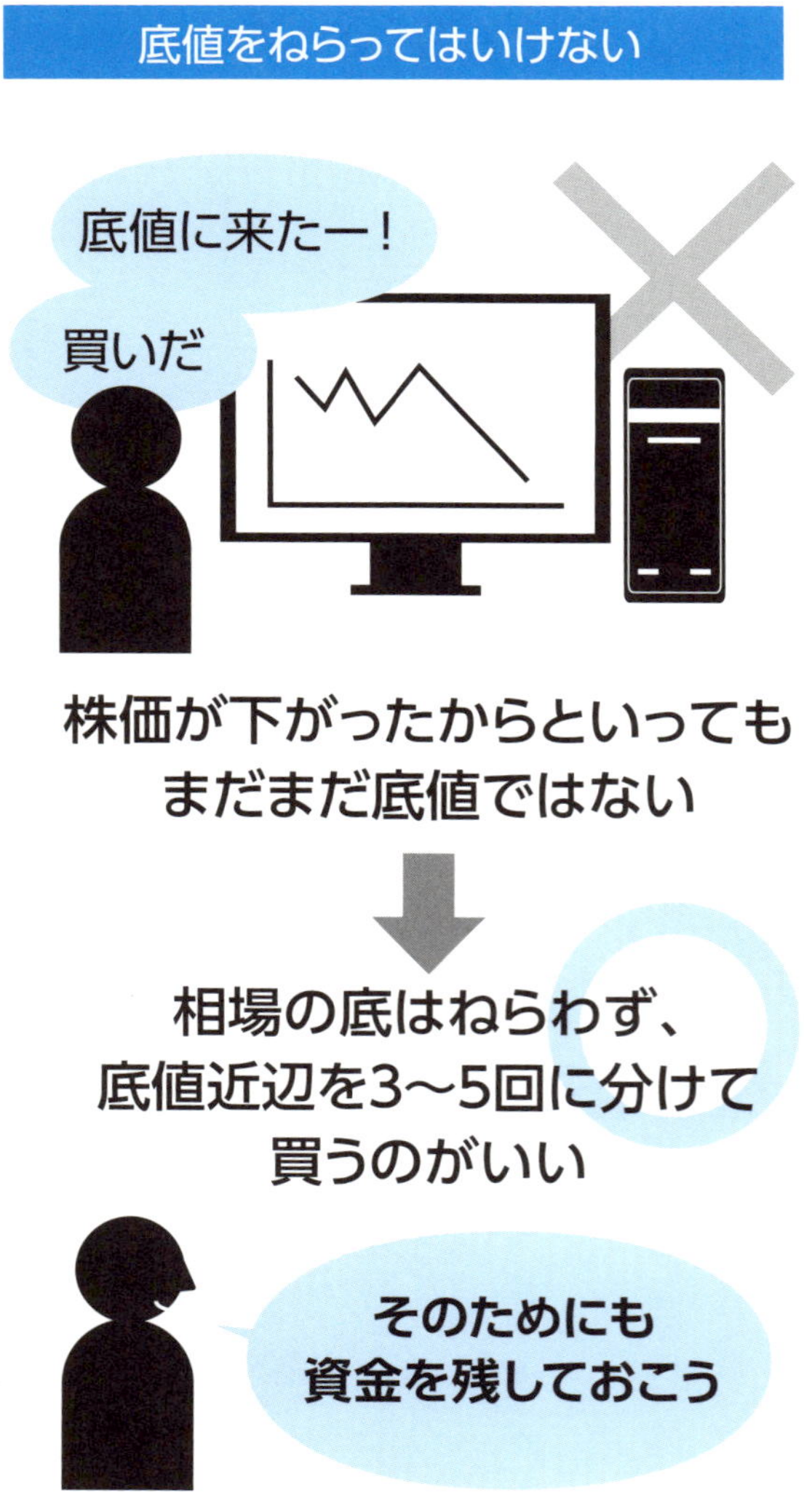
底値をねらってはいけない
底値に来たー！
買いだ
株価が下がったからといっても
まだまだ底値ではない
相場の底はねらわず、
底値近辺を3～5回に分けて
買うのがいい
そのためにも
資金を残しておこう

4 なぜいつも大底で叩き売ってしまうのか？

株価が来る日も来る日も下落していくと、人間誰しも我慢できなくなります。投資金額に対して、いくらまでの下落だったら耐えられるかというラインは、不思議と同じです。これは信用取引の追証と関係しており、信用評価損率がマイナス15％以上になると、信用買いしている投資家のほとんどが追証を支払えなくて、証券会社によって強制決済されてしまいます。ここで朝寄り付きおよび後場寄り付きで成り行き売りが膨らんで、一気に下落が加速し、長い下ひげをつけて相場が反転するパターンが一般的です。

もちろん、現物で買っている投資家は塩漬けになることさえ我慢できれば、株を持ち続けることができますが、相場が大きく下落する場面では、毎日お金が消えていく恐怖に耐えられなくなって、損失を少しでも回避しようとします。この**恐怖に耐えられなくなる限界点は、不思議とどの投資家も同じ**なのです。その結果、信用で買っている投資家と一緒に一番下落率の大きい大底で叩き売ってしまいます。

株価が反転するきっかけはいろいろありますが、**需給を中心に考えるとわかりやすい**と思います。信用取引をしている投資家は、３カ月もしくは６カ月以内に反対売買をして決済しなければいけません。ほかにも、株価が下落すると追加の証拠金を証券会社に差し入れないといけません。追証を支払えない場合は強制決済しないといけないため、問答無用で売られてしまいます。つまり、株式市場には一定数の短期で売らなければいけない投資家が存在するわけです。市場の下落によって、これらの目先的に売る投資家が売って一掃されれば、あとは安くなったので買いたいという投資家が必然的に市場に残ります。

失敗を繰り返している下手くそな投資家は、実は一番売ってはいけないタイミングで売って、一番買ってはいけないタイミングで買っています。つまり、**勝っている投資家とはまったく逆の行動パターンを取っています**。

ためしに、自分が売りたくてどうしようもなくなったときは、逆に買いではないかと考えてみればいいわけです。そうすれば、大底付近で拾うことができるでしょうし、飛びつき買いをしたくてどうしようもなくなったら、現物株を売るか空売りをしてみればいいのです。株式投資では、人と同じことをやっていたのでは勝てません。むしろ「人の行く裏に道あり、花の山」という格言の示す通りだと思います。

下手な人は逆の行動を取ろう

どうしても売りたくなったときは
逆に買うチャンス

「買いだ」と思ったら、実は売りどき

5 なぜ売ったあと大きく上昇してしまうのか？

株式投資をやっている人であれば誰でも、自分が売ると、なぜかそのあと大きく上昇して、悔しい思いをしたことがあるでしょう。これは、いつも損ばかりしている経験から、少しでも利益があるうちに売ってしまわないと、利益どころか、また損失に変わってしまうと思っているからです。とくに、日々相場を見ている投資家は、**上昇してくると、利食いを我慢できなくなる**傾向にあります。

株価は大衆心理で日々動いているわけで、多くの投資家が売りたいと思うポイントは同じです。大底を叩き売る行為について説明しましたが、売りたい投資家が売ってしまうと、あとは売りが少なくなるので、需給が一気に改善し、株価は上に向かうことになります。

ほかにも、多くの投資家が売りたくなるタイミングがあります。例えば、横這いしていた株価が直近の高値を抜けてきたときや、いったん下落していた株価が買値付近まで戻ったときは、やれやれの売り（高値でつかんだ株がなかなか売れず、少し戻したところで売ってしまうこと）を出す投資家が増えます。

やれやれの売りで、また下に押し戻されるケースもありますが、ここをいったん抜けてくると、空売りしている投資家はどこまで上昇するのだろうという恐怖心にさいなまれます。空売りしていた投資家が耐えきれなくなって一斉に買い戻すと、株価は一気に急騰しますので、それを見た素人投資家が最後に飛びつき買いし、買う人がいなくなると、ナイアガラ瀑布のように下げ足を速めていきます。

日々の相場を見ていると、需給はすべてに優先することがよくわかります。相場がオーバーシュートするくらい底値を叩き売るのは、いつも買い方の投げ売りですし、驚くほどの高値を買いにいくのは、踏み上げられた売り方の買い戻し（空売りした投資家が、株価上昇に耐えられず、損切りの反対売買をすること）によるものです。

低位株で大きく取っていくためには、買うときと同様に、**3回程度に分けて売る**ことです。株価の上昇過程でどのように売却していくかは、たいへん悩ましい問題ですが、低位株の場合はいったん上昇に転じると、**5割高程度は当たり前**ですから、早めに手離さないようにグリップ力を高めておくのがいいと思います。過去10年の月足チャートを見て、値動きの幅や毎年の安値と高値くらいは頭に入れておくべきです。

儲けるには売り方がある

①株価が上昇しても
すぐに売らない
（利食いを我慢する）

②売りは一度に行わない

③3回ぐらいに分けて売ることで、
平均売値を上げていく

こうすれば
利益を増やせます

6 なぜいつも損切りできないのか？

株のうまい人の特徴は、**損切りの速さ**にあります。間違ったと思ったら、スパッと容赦なく損失を確定します。また、利の乗っている（利益が上がっている）ものがあっても、利食いをできるだけ我慢したり、一部だけ利食って、残りの株でさらに利を伸ばします。

一方、下手くそな投資家は、損失を確定することができず、自分に都合のいい解釈をして損切りを先延ばししてしまいます。「現物で買っているんだし、少し待っていたら、すぐに元に戻ってくるよ！」と思ってしまいます。この**「すぐに」が曲者**です。期限を切らないでただ待つだけですから、株価が半分まで下がろうが、10分の1まで下落しようが、永遠に持ち続けることになってしまうのです。仮に半分にまで下落してしまったら、相当の期間を我慢しても、買値に戻る保証はどこにもありません。

大きな損失を抱えるパターンとして、相場全体の下落に引きずられるケースが多いと思いますが、その場合は利の乗っている銘柄も下落しますので、**早い段階で抱き合わせでも**

いいから損切りを急ぐべきだと思います。利の乗っている銘柄と一緒に売れば、多少なりとも損失が薄まりますので、精神的な負担は少なくなります。

損切りは傷口を少しでも小さくするために欠かせない行動なので、金額や下落率、期間などをあらかじめ決めておく必要があります。とはいえ、決めていても実行できない投資家がほとんどなので、**買ったときに逆指値注文を入れておく**のが、損切りできない投資家にとってはベストな選択かもしれません。

損切りできない投資家のもう1つの特徴は、大きく下落したとき、平均買いコストを下げるためのナンピンをしないことです。資金管理ができていないため、買い付け資金が底をついてしまっているケースが実は多いのです。**平均買い単価さえ下げておけば、わずかなリバウンドだけでも利食いのチャンスになります**。

あてが外れて下落しても損切りができない、安いところで買って平均買い単価も下げられないとなると、あとは神頼みしかなくなります。

長い期間、塩漬けにして、投資資金の多くを寝かしてしまうことは、次の投資機会を失ってしまうことになりますし、精神衛生上もよくありません。安い銘柄がゴロゴロしていても、指をくわえて見ているだけですから、ますますストレスが溜まってしまうのです。

損切りしなければ株で勝てない

投資がうまい人の特徴

損切りが速い!

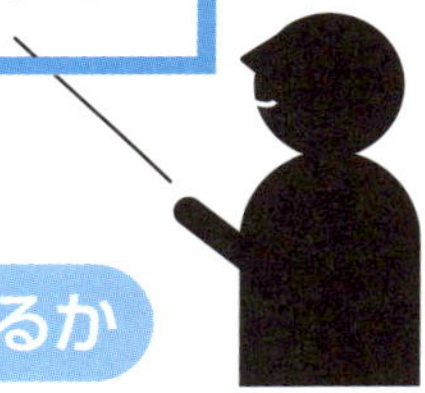

どうすればできるか

↓

① 含み益のある銘柄を一緒に売る

② 買ったときに逆指値注文を入れておく

③ 下がったときにナンピン買いをして
平均単価を下げておく
(損切りではないが、
リバウンドねらいができる)

7 なぜ信用取引に手を出してしまうのか？

デイトレードをやっている投資家にとって、手数料の安い信用取引をするのは常識ですが、**中長期の投資家は信用取引に手を出さないほうがいい**と思います。

信用取引は、自己資金の3倍まで取引枠が増えるため、自己資金で買う分も含めて、理論的には資金の増え方が最大4倍近くになる可能性を秘めています。逆に、損失も4倍近くに拡大する危険も秘めています。多くの投資家が信用取引で失敗する理由は、損切りができないために、下落の過程で信用枠を使ってナンピンを繰り返します。信用取引には通常3カ月または6カ月以内に反対売買をして返済するというルールがあり、信用期日までに確実に決済しないといけないため、下落の過程で信用枠を使って買っていくと、結果的に損失を拡大させてしまいます。

また、ほとんどの投資家は、現物で買っている銘柄を担保に入れて、さらに信用枠を使って同じ銘柄を下落するたびにナンピンするため、下落相場では信用の証拠金維持率が来る日も来る日も下落していきます。同じ銘柄を買っている場合は、とくに下落が大きくなります。初めて信用取引をやった際に、この維持率の下落するスピードや下落幅がわからず、ほとんどの投資家は追証を迫られることになります。

信用取引は借金をして株を買っていることになりますが、最初から、そのことの怖さを理解している投資家はいないと思います。あっという間に追加証拠金を迫られて、初めてその怖さを思い知ることになります。

私が初めて信用取引を開始したのは、現物株で1500万円まで投資資金が増えたときです。最初は信用枠を使って現物と同じ程度の金額を上限に、慎重に取引をしていたつもりでした。それでも投資金額が大きくなればなるほど、なかなか損切りができなくなります。何度かナンピン買いして平均買い単価を低くしようとしましたが、リバウンドする前にあっという間に「追証を入れてください」という電話が証券会社からかかってきました。1回目はなんとかお金を用意できましたが、2回目はさすがに無理で、すべて売却し、精算したあとに残ったのは700万円だけでした。この間、わずか1カ月の出来事です。

株で儲かっているときは、親やカードローン会社でキャッシングしてでも株を買いたくなるものです。私の場合も、もっと投資資金があったら、もっと儲かるだろうという気持ちから、信用取引に走ってしまいました。**株は絶対に借金をして買うものではない**と思います。

信用取引の特徴

信用取引のメリット

- ○ 手数料が安い
- ○ 手元資金の数倍の取引ができる
- ○ 下落時でも利益が上げられる

信用取引のデメリット

- × 過剰な借金をすることになる
- × 追証が発生し、払えないと強制的に売られる（借金が残る）
- × 損失が発生すると心理的な負担が大きい

▼

初心者にはメリットよりもデメリットのほうが大きい

8 追証は簡単に発生してしまう

信用取引をする場合は、ネット証券なら30万円の委託証拠金を差し入れれば、委託保証金の3・2倍まで取引することができます。私が信用取引を始めた頃は、1000万～2000万円ないと信用取引はできない時代でした。今では、わずかな証拠金さえあれば、簡単にできるようになったので、いきなり信用取引を始める人もいるくらいです。しかし、最初は、どの程度のレバレッジを利かせるとやばいのか、どの程度の損失が発生したら追証が発生するのかなどは、とてもわかりにくいと言えます。

追証は、証券会社が定める最低委託保証金率（通常30％が多い）を下回ると発生しますが、委託保証金維持率の計算式は次の式で計算します。

委託保証金維持率＝（現金＋証券－建玉評価損－諸経費）÷建玉代金合計×100

この式を見ると、現金は引き出したり株を買ったりしない限り、減ることはありません。諸経費も維持率に大きく影響を与えることはないです。**維持率に大きく影響する要素は、証券を保証金として差し入れた場合や建玉評価損が拡大した場合です**。例えば100万円の証拠金を積んで200万円の株を信用買いしている場合の維持率を計算してみましょう。

委託保証金維持率＝（100－諸経費）÷200万円×100となり、諸経費は大した額ではないので無視すると、維持率は50％です。まだまだ30％まで随分余裕があるように感じる人も多いと思います。では、信用買いしていた株が20％下落して160万円になったらどうでしょうか？

委託保証金維持率＝（100－40－諸経費）÷200万円×100となり、維持率は30％まで下落してしまいます。現金を保証金として積んでいると想定して計算しましたが、たいがいの投資家は現金で買った株を保証金として差し入れているケースがほとんどですから、株が値下がりすると、簡単に追証が発生してしまいます。

ましてや、保証金代わりに差し入れた株と同じ株を信用取引でナンピン買いしている場合が多いため、あっという間に追証が発生して払えなくなってしまいます。自分も2階建て※にして信用買いしていたので、すぐに資金は半分になってしまいました。

※現物で買った株を保証金の代わりに担保として差し出し、信用取引で同じ銘柄を買うこと。

ちょっとした値下がりでも追証は発生する

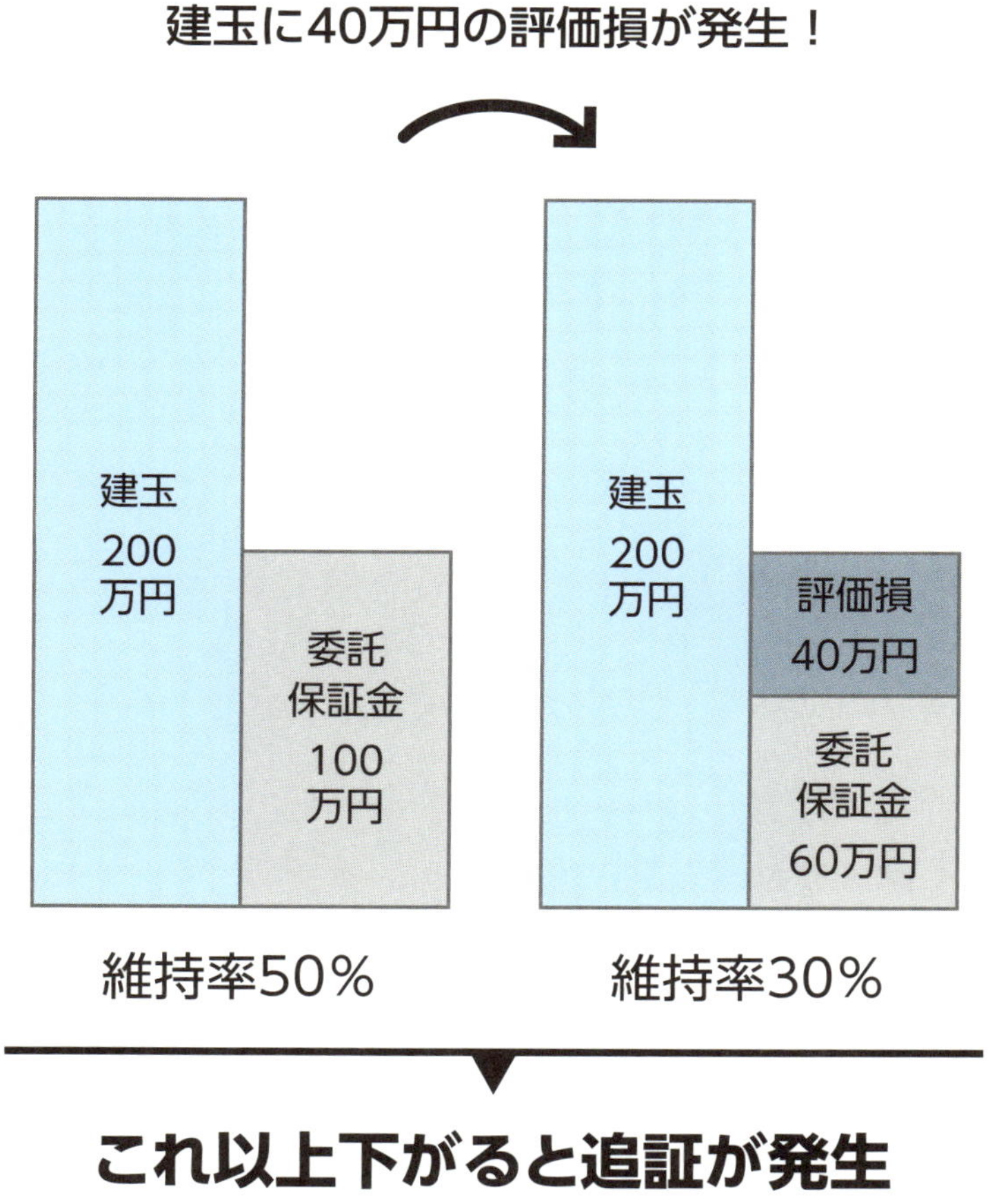

第4章

株で儲けるための
メンタルトレーニング

1 ギャンブル依存症に陥らない

株価は、欲望と不安と恐怖によって動かされています。取引をしているのが生身の人間である以上、これは仕方のないことです。市場参加者の大半が欲望に支配されている間は、株価は一方的に上がり続けますし、恐怖にさいなまれているときは、株価は下落し続けます。市場参加者が不安になってくると、方向感が乏しくなって揉み合いになり、横這いが続くことになります。

株で成功するには、**自分自身の感情をいかにコントロールするか**にかかっているのですが、ほとんどの投資家はギャンブルと同じ感覚でトレードを繰り返すことになります。

ギャンブルというのは普遍的に人を魅了するものであり、一度はまると麻薬のような習慣性があるため、興奮や快楽のもたらす陶酔感からなかなか逃れられなくなります。自分も株をやり始めた当初、ほぼ毎日売り買いしないと気が済まないほど、のめり込んでしまいました。パチンコや競輪競馬にのめり込むと、しまいには貯金を取り崩したり、銀行や消費者金融から借金までしてやり続けてしまいます。ギャンブル依存症にかかっている患者さんは強い刺激に慣れすぎてしまい、普通の人が反応する一般的な刺激に対して、脳の活動が低下するというデータさえあります。

このギャンブル依存症の8割が、平凡なサラリーマン、公務員、主婦、学生、年金生活者ということですから、株式市場にやって来た途端に、こんな病気にかかってしまったら、まず再起不能だと言えます。私もお金がなくて日証金から借りて株を買ったり、母からお金を借りて株につぎ込んでいましたが、こうした行為はおそらくギャンブル依存症だったのではないかと思います。

会社などでは組織や上司のチェック機能が働くため、個人の判断で好き勝手に振る舞ったり、お金を自由に使うことは許されませんが、株式市場では自分の判断でどんな銘柄にも自由に投資できますし、お金が尽きるまで好き勝手な取引ができます。ですから、周囲の人が気づかないでいると、行き着くところまで行かなければ終わらない怖さがあります。

まずは**トレード記録をつけながら、常に手持ち投資資金の最大5割程度で運用する**ようにとどめておくことを意識しましょう。記録をつけなければ、資金管理は絶対にできないと思います。

株式投資はギャンブル性が高い

ギャンブル依存症の特徴

- ギャンブルをしたいという欲求が強く、自分で抑えられない
- ギャンブルをすることで好ましくない状況に陥る
- やめなければいけないと決心しても続けてしまう
- ギャンブルにはまる前には起こらなかった問題を周囲で起こす

「ギャンブル」を「投資」に置き換えられます。注意しましょう!

2 パソコンの向こうには必ず相手がいることを理解する

現在、株を取引しようと思ったら、パソコンやスマホで簡単に売買することができます。100円の低位株を買う場合を考えてみましょう。あなたの向こう側には必ず「100円で売ってもいいよ！」という人がいなければ、いつまでたっても取引は成立せず、株は買えません。つまり、株は相対取引なので、取引が成立するには相手が必要なのです。

株で儲けようと思ったら、あなたに「安い価格で売っていいよぉ～」と言ってくれる奇特な投資家さんを探すか、そういう人が現れるのをひたすら待つしかないのです。逆に、利益を得るためには、あなたが買った値段よりも高く買ってくれる奇特な投資家さんが現れるのを待つしかありません。

株は買うにも売るにも待つことが一番だと何度も言ってきましたが、株で勝つためには、実は**あなたより下手くそな投資家が現れるのを待つしかない**のです。安値でさらに成り行き売りでブン投げてくれる投資家は、あなたにとっては貴重な存在です。買うときは、パニックになって泣く泣く損切りしている投資家の顔を思い浮かべて、「こんなに安い値段で本当にいいの?」と言いながら買ってあげてください(笑)

みんなが売りたがっている暴落時に買ってくれるあなたは、相手から見れば、さながら地上に降りた天使のような存在です。私も暴落時によく買い出動しますが、思いっきり下落した日に限って出来高が急増するため、「誰がこんなに売ったのだろう?」と思うことがよくあります。

逆に、売るときは、みんながあなたの持っている株を欲しくてたまらなくなり、「いくらでもいいから売ってよ!」と群がってくるのをひたすら待ち続けましょう。欲望に目がくらんで周りが見えなくなっているときは、いくらでも高値に飛びついてくれます。

株式投資で勝つために必要な能力とは、今お話ししたように、安い値段で売ってくれる投資家と、高い値段に飛びついてくれる投資家――**2種類の愚かな投資家を探す能力**です。

チャートは投資家の気持ちを映す鏡のようなものだとよく言われますが、あの足形を見ていると、投資家がどのような心理状態なのか多少なりとも想像できるはずです。市場は大衆心理で動いているので、トレードで勝つためには、常にパソコンの向こうの相手の心理をつかんでおくことがとても大切だと言えます。

2種類の愚かな投資家を見つけよう

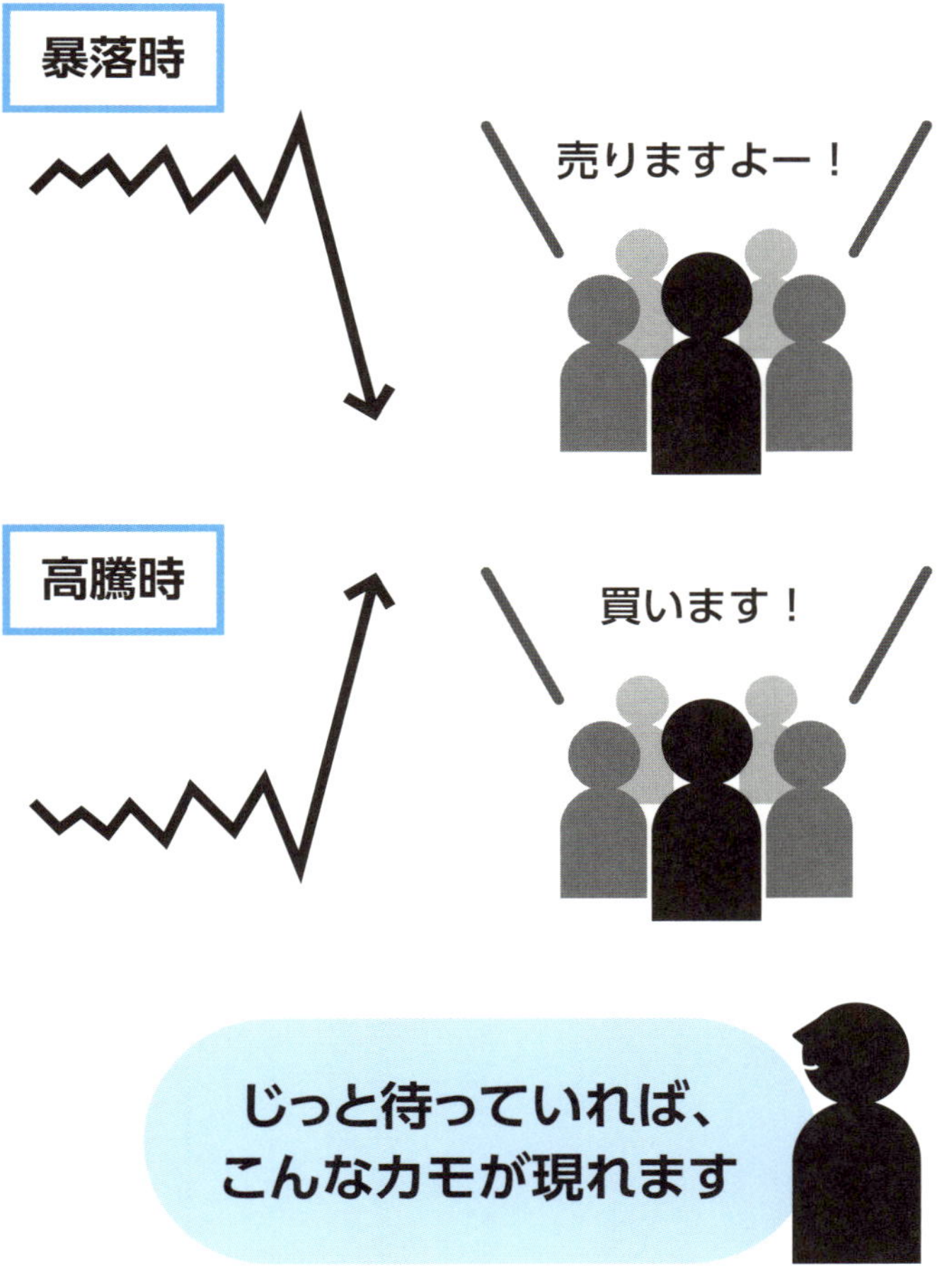

3

本能に逆らった取引ができるか

大半のトレーダーが損をして、やがてマーケットから去っていきますが、トレードで勝ち残れるかどうかは、ファンダメンタルやテクニカルを勉強するよりも、思考回路にあると言えます。成功している多くのトレーダーが『ゾーン』や『投資苑』（共にパンローリング）などの勝者の心理について書かれた本を推奨しているように、実は**株で勝つために最も必要なのはメンタル**なのです。

人類が地球上でここまで繁栄できたのは、病気や幾多の災難から身を守るための本能がDNAに刷り込まれているからだと言われていますが、この「身を守る」という人間が本来持っている**本能に逆らわないと勝てない**ところに、株の難しさがあるのです。

株で勝つには、損失を最小限に抑えて、利益を最大限に伸ばせばいいわけですが、9割以上の投資家はこれができずに負け続けてしまいます。買った株が予想に反して下落したら、損失を最小限に食い止めるために損切りすればいいということはみんなよくわかっているはずです。しかし、実際にその場に遭遇してみると「損切り」するのは、命の次に大切なお金を失うことになってしまいます。まさに身を切る痛みを伴うわけです。ここでほとんどの人は損切りできず、先延ばしししてしまいます。

多くの投資家は、利食えたら成功で、損切りは失敗だと信じています。みんな絶対に失敗するのは嫌だと思い込んでいるので、保有していればそのうちまた上がってくるだろうと、都合のいいように解釈してしまいます。株を売買する以上、儲かることもあるし、損失が出ることもあります。どんなにうまいファンドマネジャーでも、意に反して損失になることはあります。それでもロスカットをきちんと実行できるから、損失を最小限に食い止めて、ほかの取引で利益につなげることができるのです。

損切りは決して失敗ではなくて、トレードにおいて正しい作業です。損切りできない投資家こそが失敗を繰り返し、損失を拡大しているのです。そのあたりを理解して、自分の予想に反した動きになったときは、**早いうちにスパッと損切りできるように訓練する**ことです。人間本来の本能に逆らってトレードするのは相当の苦痛を伴いますが、塩漬けにして損失を抱えながら、何年も資金を寝かせてしまうのは、それ以上に精神的な苦痛を伴うものです。

人間の本能に逆らおう

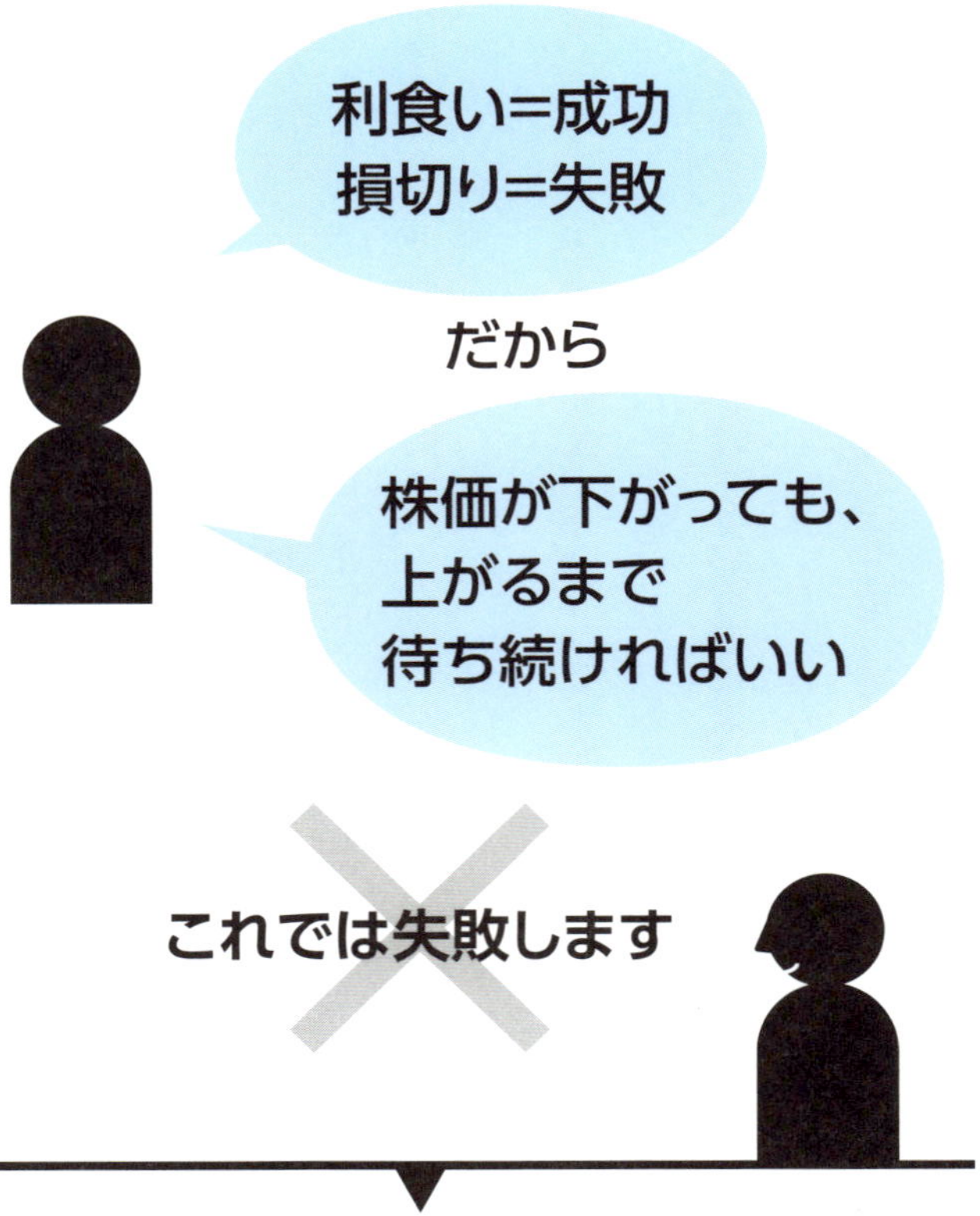
利食い=成功
損切り=失敗
だから
株価が下がっても、
上がるまで
待ち続ければいい
これでは失敗します

なるべく早く損切りして、
次のチャンスをねらうべき

4 毎日、手書きチャートを書く努力を続けることができるか

株で簡単に勝てるようなら、世の中、会社を辞めたトレーダーばかりになっているはずです。そうなっていない現実を見ると、株で生計を立てるのは並大抵のことではないということです。

専業トレーダーを見ていると、相当努力をしている人がほとんどです。市場分析や銘柄分析を緻密にしています。天才は1％のひらめきと99％の努力から生まれるそうですが、**毎日わざわざ手書きのチャートと出来高を書いて、投資家心理と株価の動きを体感**しないと、億トレーダーにはなかなかなれません。

投資する銘柄や投資手法も大切ですが、株で成功するには、**まじめに市場と向き合う**ことや、**毎日コツコツ努力する**ことが重要だと言えます。

私はデイトレを始めた当初、まったく勝てず、かなり悩んだ時期がありました。ただ常に思っていたのは、「勝っている人が世の中にはたくさんいるのだから、自分も努力すれ

ば必ず勝てる」という信念です。毎日、2～3回程度エントリーとエクジットを繰り返し、トレード記録をつけていました。日中足チャートと見比べて、どこでエントリーして、どこでエクジットしたかを確認する反省の毎日でした。

自分の予想に反した動きになって損失が拡大したときは、損切りできずに思わずパソコンの前から逃げてしまいますし、儲かると調子に乗って安易なエントリーをしてしまいます。ロットが少ないと余裕で見ていられるため、勝率が格段に高くなるのですが、ロットを増やすと恐怖に耐えられなくなって、損をする可能性が極端に高くなってしまいます。そのうち、寄り付き値を中心として、買いでエントリーしても売りでエントリーしても、2円程度だったらどちらにも動くことがわかってきたので、デイトレでもメンタルを強くするトレーニングさえできれば勝ち癖がつくようになります。

株で勝てないのは、経済情勢に疎いからでも、テクニカル分析が苦手だからでもありません。株式投資で勝つのに最も大切な要素は、**自分自身の精神のコントロール**なのです。自分自身の感情と向き合うためにも、どう感じてその決断をしたのかをトレード記録に残しておくことをおすすめします。

毎日の積み重ねが大事

株式投資でも毎日の
トレーニングが大切

なにをすればいいのか？

① ねらっている銘柄について、
手書きでチャートをつける

② 出来高についても記録をつける

③ 自分のトレードについて
買いと売りの記録をつける

5 大きな損失を出したあとは体育会系のトレーニングが有効

株取引をしていて「またやってしまった！」というようなときは、極限まで自分を追い込む体育会系のトレーニングがすごく有効です。私はつまらない失敗で大きく負けた日には、**思いっきり反省するために、力いっぱい走ることにしています**。

もともと毎年マラソンを走っているので、普段から週に2～3回は10キロのコースを走っているのですが、大損したときは、あえて自分の限界まで負荷をかけます。例えば、400メートルを全力で10本走ったり、1000メートルを10本走ったりという具合にハードメニューを課します。

このハードな練習を死ぬ気でがんばりながら、「なぜ自分はこんなことをさせられているのか」を考えます。同じ失敗を繰り返さないために、反省の意味を込めて、こんなきつい練習をあえてしています。それでも同じ失敗を繰り返して、また同じ練習を何度もやるはめになります。本能に逆らってトレードしないといけないわけですから、そんなに簡単に身につくはずもありません。

私は走りながらいつも考えることがあります。それは、これだけがんばったのだから、**絶対に昨日の自分よりは明日の自分のほうが肉体的にも精神的にも強くなっている**はずだということです。筋肉は何歳になっても鍛えればつけることができます。メンタルについても、訓練次第で鍛えることは可能だと思います。

昨今のマラソンブームで、どこに行ってもマラソンランナーを見かけますが、暑い日も寒い日も、日々黙々と走り続けているのは、唯一の戦う相手である昨日の自分に勝つためではないかと思います。

自分の知り合いの億トレーダーさんも、自己管理がしっかりできた方で、私がジムに行くと、ほとんど必ず来ています。専業投資家なので、市場が引けたあとの夕方に行くと、いつも遭遇します。彼は筋トレとランニングをバランスよく取り入れていて、体型もスリムです。優秀なトレーダーは、株式投資ではメンタルが大切だということを百も承知しています。日頃からスポーツを通じて**体調管理することの重要性**をよく理解しています。ジムで知り合ってかれこれ4年以上たちますが、お互いジム通いは心と体の健康のためにずっと続けています。

トレードに失敗したら…

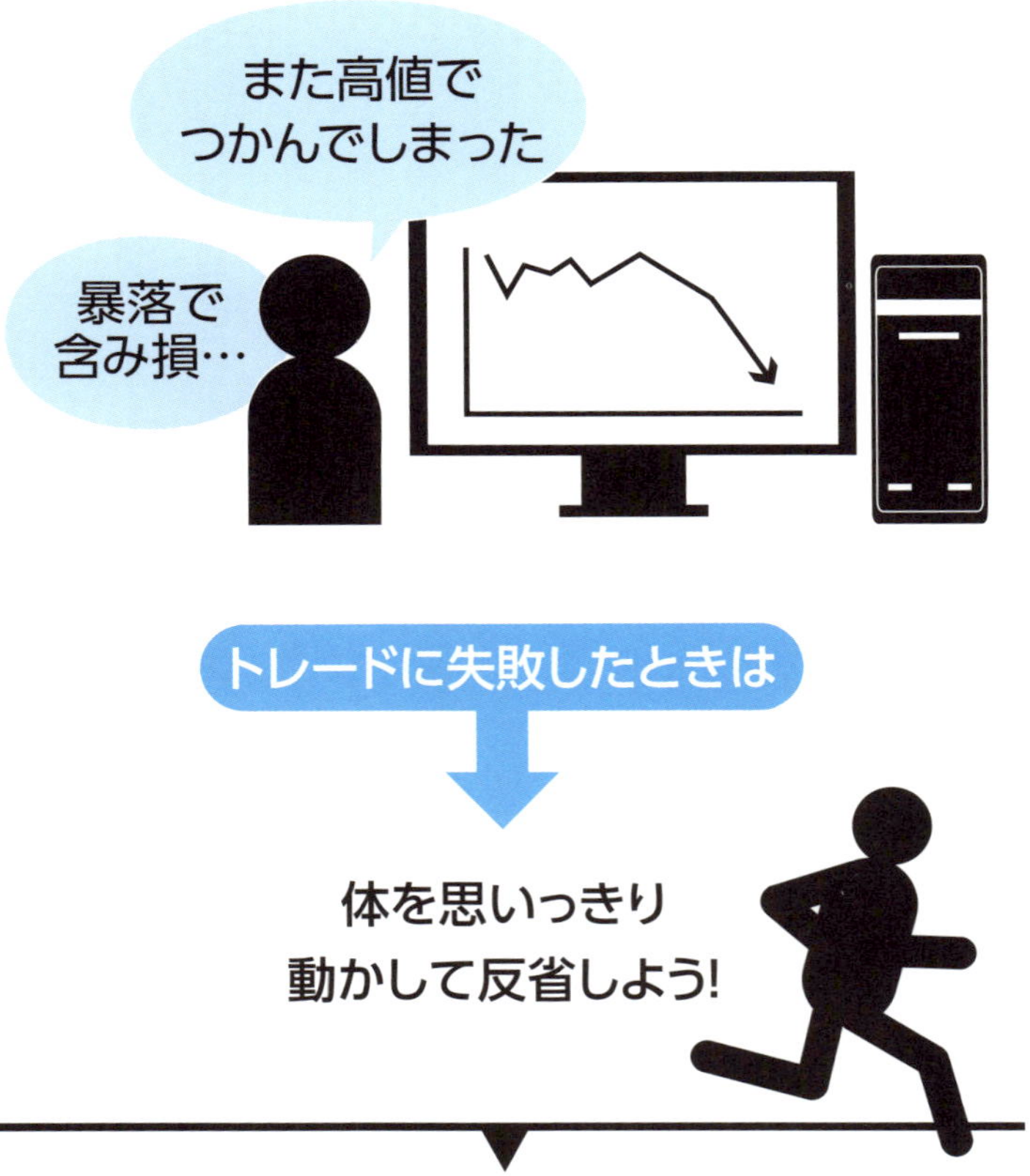

ランニングがおすすめ!

6

株式投資は心理戦

株式市場で「需給はすべてに優先する」という話をしましたが、需給は投資家心理で大きく変動します。例えば、個別銘柄においては、決算発表で悪い数字が出たり、悪いニュースが出たときは、慌てて売ろうとする投資家が増えて需給が一気に崩れ、株価は下落します。ところが、事前に悪い数字が予想されていた場合はどうでしょうか？　みんながすでにある程度わかっていたことなので、業績悪化は織り込み済みとなって、株価はおそらく反応しないと思います。もしくは材料出尽くしで逆に上昇することさえあります。

実は、投資家は突然出たニュースに敏感に反応する傾向があります。下落するときは売りが売りを呼んで、さらなる売りが増えます。毎日下がり続けると、投資家は耐えられなくなって、一番出来高が膨らんだところでたいていはブン投げてしまいます。**多くの投資家がパニックになっているポイントは、明らかに絶好の買い場**となります。

また逆に、来る日も来る日も上昇して、**買いが買いを呼ぶような上昇に遭遇したときは、**

いち早く利益確定して相場から降りることをおすすめします。投資家がパニックになるポイントだけを待って売買できるような投資ができれば、心理戦で常に勝利できるはずです。

私は普段から、投資家が**パニックになっているかどうか**を基準に売買することを心がけています。何日も下落が続いて下げ止まらないときは、「そんなはずはないよ！」と思って買うように心がけていますし、何日も大陽線が続くようなときも「そんなはずないでしょ！」と思って売ってみることにしています。

5年ほど前から中長期の待ち伏せ投資以外にデイトレードも始めましたが、デイトレードでは1日に何度も投資家がパニックに陥るポイントが出現します。このパニックポイントでエントリーしたりエクジットすることができるようになると、たいていデイトレでも勝ち癖がつきます。

昔から株式投資では「怖いところが買いの極意！」と言いますが、買いにくいところで勇気を出して買えるようにならないと、いつまでたっても勝てません。みんなが売りたいときは買いですし、みんなが買いたいときは売りです。**大衆といかに逆の動きができるか**にトレーダーとしての成否がかかっているといっても過言ではありません。

ライバルたちの裏をかこう

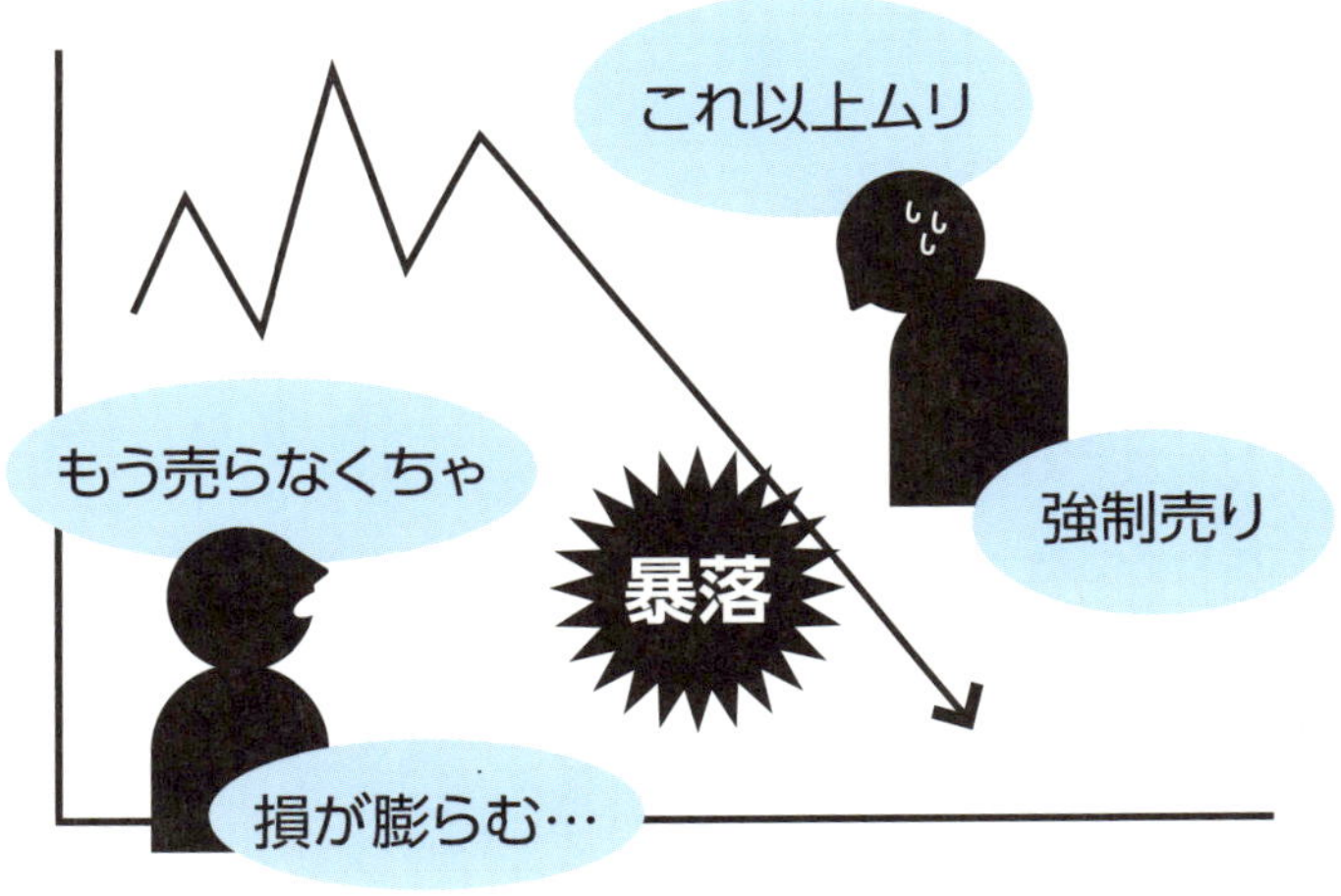

パニック売り続出!

⇓

絶好の買い場

投資は心理戦です
何日も下落が続いても、
「そんなはずはない」と思って
買うタイミングを探ってみましょう

7 投資家の最大の敵は自分自身

株式投資で勝つための条件はいろいろな本に書かれています。ですから、よほどの初心者でない限り、投資でやっていいこととダメなことはわかっています。例えば、「高値には飛びつき買いをしない」「決めた価格できちんと損切りをしなさい」「自分の決めたルールをきちんと守りなさい」「チャンスが来るまで待ちなさい」「資金管理をきちんとしなさい」など、勝つためには当たり前のことです。でも、**これができないのが普通の人間**です。

ダイエットをした人ならよくわかると思いますが、いくら自分で「今度こそは絶対にやせてやる！」と決意しても、食べたいものは食べたいです。家族や友人や職場の同僚の前でたとえ宣言したところで、やり切れる人はほとんどいません。ついつい自分に甘えてコンビニでこっそりスイーツを買ったり、寝る前やお風呂上がりにビールを飲んだりしてしまいます。うちにも妻が買った健康器具やダイエット本がほこりをかぶっていますが、また新しいダイエット本やダイエット食品が出ると、懲りずに買ってきます。

ダイエットは、どんな方法が効果があるかではなく、自分にさえ厳しくできれば簡単に目的を達成できることくらい、誰でもわかっています。でも、何度試してもできないのは、株式投資で勝てないのと同じで、**いつも自分自身に甘いから**です。毎朝、体重計に乗って「えぇー、何も食べてないのに、なんでこんなに太ってるの？」という言葉と「もう、夜は食べないことにする！」という言葉を何度聞いたことか……。

そういう私も、デイトレでそこそこ勝てるようになるまで、走りながら「損切り命！」という言葉を何度唱えたことかわかりません。株の売買はへまをやっても、誰か見ていて注意してくれるわけではありません。どんな下手なトレードをしようが、大損しようが、言わない限り人から笑われることもありません。監視の目がないからこそ、いつまでたっても改められないのだと思います。

私はデイトレをやり始めた頃、早く勝てるようになりたくて、投資した銘柄のエントリー価格とエクジット価格、その日の損益をすべてブログで公開していました。そうすることにより、持ち越しはほとんどなくなりましたし、損切りもできるようになったのです。自分に勝つことができなければ、株式市場で生き残ることは難しいと思います。

株はダイエットと同じ

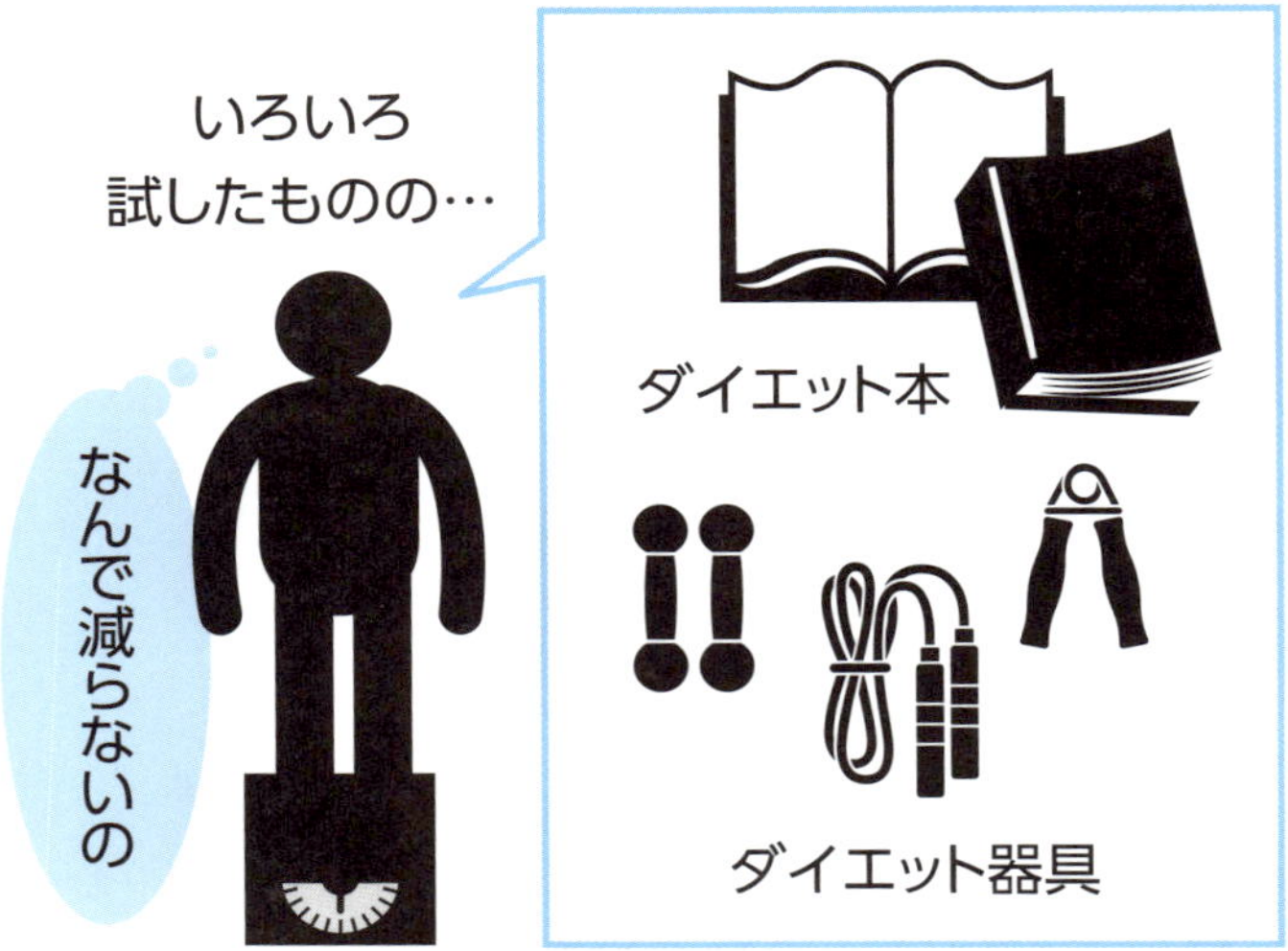

株式投資でも同じ!

自分に対する甘えに勝てなければ、
株で勝てません!

8 人間、追い込まれて初めて必死になれるもの

私自身、負け続けて日証金から100万円借りて株を買い、さらに母から100万円借りて株を買い、そこから「もう絶対に減らせない！」と思って、飛びつき買いをとりあえずやめました。低位株投資に行き着いたのは、地元に本社や工場がある身近な企業の株価を何年もずっと追い続けていたからです。

4月から5月頃、高値をつけて、また半年以上安値に沈んだかと思うと、しばらくして年末年始から春先にかけて安値から倍ぐらいに上昇してきます。**何年も同じことが起きていた**ので、いつも「あの安値のときに買っておけばよかった」と上昇してから悔しい思いばかりしていたのです。そこで、この株価サイクルを利用して大きく取ろうという決断をして、地元のゴールドウインや北陸電気工業、日本カーバイド工業、当時、東証2部に上場していたチューエツなどを取引するようになりました。

実はこれが見事に当たって、ほかにも大証の今はなきタカラブネや世界長、現東証2部

の大運や玉井商船などの低位株で次々待ち伏せし、底値からの上昇を利益に変えていくことができたのです。**人間、どん底まで落ちないと目が覚めません**し、本気で考えることをしません。切羽詰まって初めて底力を発揮できるものです。

同じ北陸の投資家『テンバガーを探せ！ 10倍儲かる低位株投資術』（ダイヤモンド社）の著者・鮎川健さんも、投資金額250万円（子供の預貯金含む）が5分の1の50万円を切るどん底まで落ちてから、低位株で3・3倍増を取って復活を果たしました。その後はテンバガー（10倍株）を3回、トゥエンティバガー（20倍株）を1回ものにして、フェラーリと豪邸を手に入れています。10倍株や20倍株をものにするのは並大抵のメンタルではできませんが、どん底を経験したからこそなせる業なのではないかと思います。

私がデイトレにチャレンジした際も、最初はまったく成果が出せず、投資資金を一時500万円もすり減らしましたが、勝ち続けている投資家のブログをずっと見ていたので、自分にも絶対できるという確信を持ってエントリーを続けました。ロットが少ないと勝てるのですが、ロットを5000株、1万株と増やすと、どうしても損切りが遅れて、勝てなくなってしまいます。これは、慣れるまで少しずつ株数を増やしていくしかありません。痛みを感じなくなるまで、精神を鍛えるしかないようです。

勝てる人間になるには

家族には迷惑をかけられないなど、
土壇場に追い込まれなければ、
勝てる人間には変われない!

9 投資家は失敗の数だけ強くなれる

何度負けても懲りない投資家は自滅の道しかありませんが、**投資も失敗を経験してこそ強くなれます**。最初から転ばずに自転車に乗れる人がいないのと同じように、株式投資で勝てるようになるには、**失敗は避けて通れません**。言ってみれば、失敗は優秀な投資家になるための成長過程にすぎないのです。それにもかかわらず、資金がどんどん減ってしまう恐怖に耐え切れず、「やっぱり、自分に株は向いてないんだ……」と悲観してやめてしまう人がほとんどです。

先日もある主婦が、知り合いから「30万円くらいからでもいいから、株式投資を始めてみたらどう?」と言われて、さっそく口座開設して取引を始めたそうです。短期のスイングで小さく取っていく手法により、最初のトレードで東証1部のロボットやベアリングメーカー、不二越を買って5000円の利益が出たそうです。しかし、再度、不二越を買ったところ、下落するばかり。損失が5万円になったところで、怖くなって損切りしたとのこと。「もう、株は怖くてやりたくない」と嘆いていました。そして「やっぱり自分は株に向いてないんだわ……」と漏らしたそうです。

たった2回の取引で、向いているかどうかなんて判断できるわけがありません。実際には、お金が減ってしまう恐怖に人間は耐えられないのだと思います。とくに女性は、勝つまでやるという感覚がわからないようです。

株式投資の練習やトレーダーとしての成長過程で資金を減らしてしまうのは仕方のないことです。失敗をたくさん経験したトレーダーのほうが、いざというときに正しい判断ができる可能性は高いと言えます。問題はやはり過去の失敗をどのように生かしているかです。投資家は**トレード記録をつけることによってのみ成長できる**のです。トレーダーとして成長していく過程は、職人が修業をしているようなものです。何度も試行錯誤を繰り返し、買うタイミングと売るタイミングを研ぎ澄ました感性で判断できるようにならないと、生き残ることはできません。

この買いと売りのタイミングこそ、投資家の生死を分ける判断になりますので、簡単に身につくものではありません。市場へのエントリーとエクジットの回数や失敗の回数、損失の額、勝ちトレードの回数、利益額など、これまでのあらゆるマーケット経験がトレーダーとしての実力を決定づけています。優秀なトレーダーは市場によってのみ鍛えられるので、失敗はつきものだと受け入れることが大切なのです。

同じ失敗をしないために

損失が広がる…

↓

ここであきらめてはいけません

株には失敗がつきもの

成長の糧として、
失敗したトレードを
研究し直そう

10 ゆとりを持った投資こそが利益をもたらす

株式投資では「余裕」を持った投資家が勝つと言われています。株式投資において必要な余裕とは、どんなものでしょうか？

一番大切なのは、**気持ちの余裕**です。よほどの大口投資家でない限り、株価は自分の力で動かせるものではありません。国際情勢や為替の動き、資源価格や金利動向、突然のテロや地震など、暴落の引き金は至るところに転がっています。

株価は常に気まぐれな動きをします。おそらく自分の予想通りに動かないことのほうが多いはずです。日々のランダムウォークは気にせず、10年スパンで市場の大きな流れを見つめる余裕を持ってください。離れて遠くから眺めることで、どこに向かっているのか、目的地が見えてくるものです。

毎日の細かな波は気にせず、大きな波を見る余裕が株式投資には常に必要となります。突然訪れる予期せぬ暴落でいちいち一喜一憂していたのでは、資金を減らすだけです。ほとんどの暴落は3カ月もすれば元に戻っているものです。多少のことには動揺することなく、いつも冷静な判断ができることこそが重要です。

投資家にとって次に必要とされる余裕は、**資金的な余裕**です。初心者が陥りやすい失敗は、最初から手持ち資金全額を投じて株を買ってしまうことです。これでは上がるか下がるかの丁半博打と変わりません。万が一思惑が外れたときの次の一手がまったく打てなくなるので、リスクの高い投資だと言えます。暴落時に買い増しして平均単価を下げたり、下落率の大きい銘柄に投資してリバウンドで取り返すこともできません。手持ち資金の5割程度は、暴落に備えて常に残しておくことをおすすめします。

資金的な余裕を持つことの大切さを理解してもらう上で、もう1つの余裕を見てみましょう。それは**時間的な余裕**です。

株は1年も2年も下落することがありますし、2年も3年もボックス相場から抜け出せないこともあります。株をやっているお父さんたちの中には、来年まで子供の教育資金は使わないから運用したいとか、住宅を建てるのはまだ数年先なので、その間運用したいという理由で、株式市場にやって来る人もいます。このように時間的に制約のある資金は決して使わないことです。相場が大きく崩れたときには、5年や10年は塩漬けにしている投資家が大勢いますので、あくまでも余裕資金で、時間にとらわれることなく投資できないと、大きな損失を出してしまう可能性が高いと言えます。

ゆとりを持った投資こそが豊かさにつながると思います。

株式投資に必要な3つの余裕

1 気持ちの余裕

- 目先の小さな動きに一喜一憂しないで、大きな波をとらえる心の余裕が大事

2 資金的な余裕

- 暴落という絶好の買い場を逃さないためにも、お金には余裕を持ちたいもの

3 時間的な余裕

- しばらく上昇相場がこないこともあるので、ある程度の期間必要としない資金で運用する

第5章

倍増期待の低位株発掘法

1 株はいつ買うのか？　暴落した今でしょ！

株式投資ではメンタルが一番大切だと述べてきましたが、私がこの本を執筆している最中に、市場を揺るがす大事件が起きました。そうです、イギリスの国民投票でＥＵ離脱派が51・９％と過半数を上回ったのです。事前調査では残留派が有利と伝えられていただけに、まさかのサプライズとなりました。

この投票結果を受けて、２０１６年６月24日の日本市場では日経平均株価が１２８６円も値下がりし、16年ぶりの大きな下落に見舞われました。もちろん、主要なアジア市場も全面安となり、翌日のニューヨークダウは６１０ドルも下落したのです。投資家としては、**ここで容赦なく買いを入れなければならない**のですが、みなさんはこの暗黒の金曜日に買いを入れることができたでしょうか？　私は大きく売り込まれていた野村ホールディングス（８６０４）、ほくほくフィナンシャルグループ（８３７７）を迷わず買いましたが、その後、日経平均も両銘柄も反転しています。

この日、松井証券の買い方の信用評価損益率はマイナス19・43％で、信用で買っている人の追証発生がピークになっていた可能性があり、ほとんどの投資家が強制的に売却を迫られたのではないかと思います。おそらくこの日は、信用取引で買っていた投資家だけでなく、大口のファンドや機関投資家なども損失回避から売ってきたと思われますし、後場一段安になったところを見ると、個人投資家も恐怖に耐え切れずに投げた人が多かったのではないかと推測できます。

株式相場では、上昇を期待して買いで持っていた投資家がみんなブン投げると、あとは売りたい投資家がいなくなるため、売りもの薄の中、少しの買いで、するすると相場は戻していきます。新聞紙上でも16年ぶりの下落だと大騒ぎになっていましたから、逆に言えば**16年ぶりに訪れた絶好の買い場だった**のではないかと思います。

記念すべき6月24日の松井証券の評価損益率と、日経平均株価と松井証券の評価損益率の関係を表したチャートを資料として添付しておきますので、ぜひ日経平均との連動性を確認してみてください。比較チャートから松井証券の評価損益率を見ておけば、日経平均の底がだいたいわかるのではないでしょうか。

評価損益率と日経平均

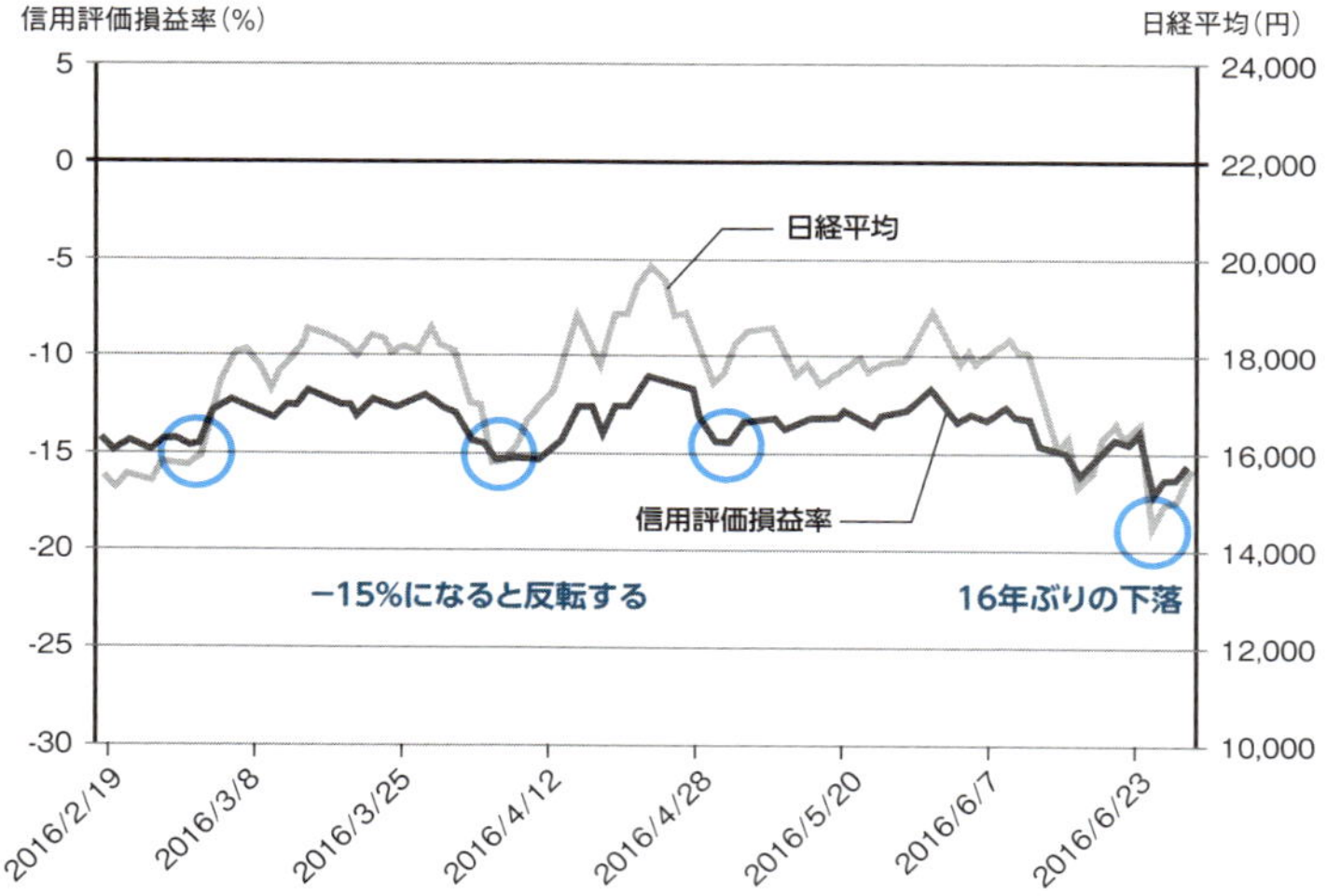

取引日	評価損益率（買い方）
2016/6/1	-8.69%
2016/6/2	-10.31%
2016/6/3	-9.90%
2016/6/6	-10.29%
2016/6/7	-9.71%
2016/6/8	-9.07%
2016/6/9	-9.55%
2016/6/10	-9.71%
2016/6/13	-12.57%
2016/6/14	-15.29%
2016/6/15	-14.45%

取引日	評価損益率（買い方）
2016/6/16	-17.16%
2016/6/17	-16.39%
2016/6/20	-14.34%
2016/6/21	-13.69%
2016/6/22	-14.59%
2016/6/23	-13.78%
2016/6/24	-19.43% ← イギリスEU離脱決定
2016/6/27	-18.10%
2016/6/28	-17.78%
2016/6/29	-16.09%

（資料）松井証券

2 どうやって値動きのいい低位株を見つけるのか

第2章で、上昇しやすい株はどんな株かについて述べましたが、私は『会社四季報』で銘柄を探すときや、値上がり率上位に顔を出してきた銘柄をチェックする際に、**資本金と発行済み株数を見る**ようにしています。

それというのも、私が20代後半に株を始めた頃、証券会社の担当者がやたらと資本金を気にしていたからです。「買うなら、やはり資本金30億円以下の小型株だ」と言うのです。50億円程度の銘柄でも、東証1部ではかなり小型の部類に入りますが、**小型になるほど値動きの軽さが違います**。当時50円額面の株がほとんどでしたので、30億円を50円で割り返すと、発行済み株数は6000万株ということになります。

実はこれくらいの規模の株なら、個人でもそこそこの大口投資家であれば値段を動かすことができます。証券会社の担当者から聞いた話があります。当時、大きく上昇したある銘柄に対して、大阪支店のお客さん数人で毎日20万から30万株単位で売買を繰り返しているとのことでした。

ここでもう一度思い出してください。**「需給はすべてに優先する」**と書きましたが、株式投資をするにあたって、この言葉は絶対に忘れてはいけない要素です。需給のバランスが崩れることで、株価は上にも下にも大きく動きます。大きく儲けるには、これを利用するしかないのです。

そこで今回、待ち伏せ投資に適した銘柄を選ぶため、『会社四季報 CD-ROM』を使ってスクリーニングをしてみました。絞り込みの条件は、資本金30億円以下で、かつ発行済み株数6000万株以下、直近の終値300円以下に設定しました。さらに、浮動株が多いと、どうしても大量の売りが出てくる可能性が高くなるので、浮動株比率50%以下を条件として追加しました。

すると、東証1部では以下の一覧表のような43銘柄がリストアップされたのです。この43銘柄について、まず頻繁に大きく動いている株を見つけるために、過去10年の月足チャートを43銘柄ともプリントアウトしてみましょう。10年の長期チャートで比較してみると、頻繁に上下を繰り返している株を見つけやすいでしょう。

絞り込んだ43銘柄

No.	コード	社名	資本金(百万円)	発行済み株式数	浮動株比率(%):最新	日足・終値(円):直近
1	1514	住石HLD	2,501	58,892.853	18.8	92.0
2	1972	三晃金属工業	1,980	39,600,000	27.0	287.0
3	2107	東洋精糖	2,904	54,560,000	29.0	112.0
4	2112	塩水港精糖	1,750	35,000,000	20.0	239.0
5	2453	JBRシステム	779	34,685,000	28.1	235.0
6	2687	CVSベイエリ	1,200	50,640,000	24.7	87.0
7	3004	神栄	1,980	39,600,000	28.3	124.0
8	3202	ダイトウボウ	1,500	30,000,000	48.5	63.0
9	3524	日東製網	1,378	26,050,000	44.3	139.0
10	3878	巴川製紙所	2,894	51,947,031	14.8	193.0
11	4319	TAC	940	18,504,000	22.9	211.0
12	4615	神東塗料	2,255	31,000,000	25.9	175.0
13	4779	ソフトブレーン	826	30,955,000	20.7	207.0
14	4829	日本エンタープライズ	1,103	40,550,700	15.6	256.0
15	5337	ダントーHLD	1,635	30,000,000	31.9	181.0
16	5357	ヨータイ	2,654	25,587,421	32.0	285.0
17	5363	TYK	2,398	45,477,000	5.9	170.0
18	5603	虹技	2,002	33,621,637	35.6	155.0
19	5612	日本鋳鉄管	1,855	32,930,749	36.4	148.0
20	5958	三洋工業	1,760	35,200,000	36.7	179.0
21	5986	モリテック	1,848	22,558,063	11.6	259.0
22	6362	石井鐵工所	1,892	37,840,000	34.5	163.0
23	6373	大同工業	2,726	47,171,006	25.6	206.0
24	6901	澤藤電機	1,080	21,610,000	31.1	179.0
25	7022	サノヤスHLD	2,538	32,600,000	9.6	177.0
26	7448	ジーンズメイト	2,015	12,651,466	19.1	179.0
27	7608	SKジャパン	460	8,483,603	13.1	297.0
28	7727	オーバル	2,200	26,180,000	16.0	228.0
29	7897	ホクシン	2,343	28,373,005	10.6	126.0
30	8025	ツカモトコーポレーション	2,829	40,697,476	35.3	109.0
31	8038	東都水産	2,376	40,260,000	31.8	169.0
32	8052	椿本興業	2,945	32,489,845	26.5	290.0
33	8077	小林産業	2,712	28,007,448	9.3	220.0
34	8095	イワキ	2,572	34,147,737	43.0	197.0
35	8166	タカキュー	2,000	24,470,822	29.2	179.0
36	8181	東天紅	2,572	25,728,716	31.2	131.0
37	8742	小林洋行	2,000	10,094,644	20.8	248.0
38	8928	穴吹興産	755	57,678,000	15.3	262.0
39	9074	日本石油輸送	1,661	33,229,350	34.3	231.0
40	9130	共栄タンカー	2,850	38,250,000	23.2	192.0
41	9380	東海運	2,294	28,923,000	16.4	259.0
42	9731	白洋舍	2,410	39,000,000	23.6	255.0
43	9763	丸紅建材リース	2,651	34,294,400	26.2	191.0

3 倒産リスクを避けるためのスクリーニング

株価が安いということは、それだけリスクが高くなります。リストアップした43銘柄の中には、ダイトウボウ（３２０２）のように、かつて『会社四季報』に「継続前提に重要事象」と記載されていた銘柄も含まれています（最新の２０１６年秋号では消えています）。銘柄選定に当たっては、当然、**破綻するリスクの大小を見極める**必要があります。

監査法人は、売上高の著しい減少や継続的な営業損失の発生、営業キャッシュフローのマイナス、資金調達の困難性などから企業の継続性に不透明さがある場合、その企業の決算短信などに「継続企業の前提に関する重要事象」や「継続企業の前提に関する注記」としてリスク情報を記載するルールになっています。『会社四季報』では、巻末にこれらの疑義注記と重要事象の記載がある銘柄を一覧表にし、投資家に注意喚起を図っています。「継続企業の前提に関する注記」と「継続企業の前提に関する重要事象」ではどちらがより深刻度が高いのかというと、「疑義注記」のほうが深刻度が高いと言えます。

一般的に企業が倒産するのは、会社にとって血液ともいえるお金が回らなくなったときです。企業の取引慣行上、原材料を仕入れて製品にして販売し、利益が出たとしても、すぐに現金が入ってくるとは限りません。仮に3カ月の手形決済の場合は、3カ月後でなければお金になりません。原材料の支払いや従業員への給料などは毎月発生しますので、現金を取り崩したり、定期預金を解約したり、運転資金を借りたりしないと、毎月の支払いが滞ってしまいます。仮に現金が用意できなければ、会社は簡単につぶれてしまうのです。

このように会社が突然倒産するときは、会社にとって血液であるキャッシュフローが止まるときです。黒字決算で、低PER、配当をきちんと出していたとしても、銀行から「もう貴社にはお貸しできません」と言われたら、会社なんて簡単に倒産してしまいます。

では、投資家が会社の危険度をチェックするには、どこを見ればいいのでしょうか？『会社四季報』の少し左下のほうに**【キャッシュフロー】**という覧があります。そこの**営業キャッシュフローがプラスかどうかを見ればいい**のです。営業キャッシュフローは、会社が商品の販売やサービスの提供などの本業で得た1年間のキャッシュの量を表しています。営業キャッシュフローは多ければ多いほどいいですし、毎年営業キャッシュフローがプラスであれば、倒産リスクは低いと言えます。

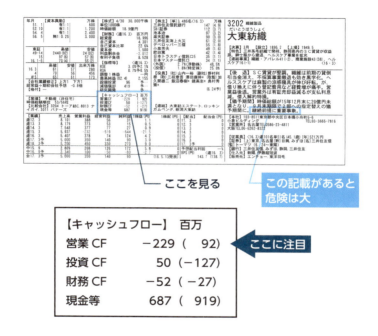

会社の危険度はキャッシュフローでチェック

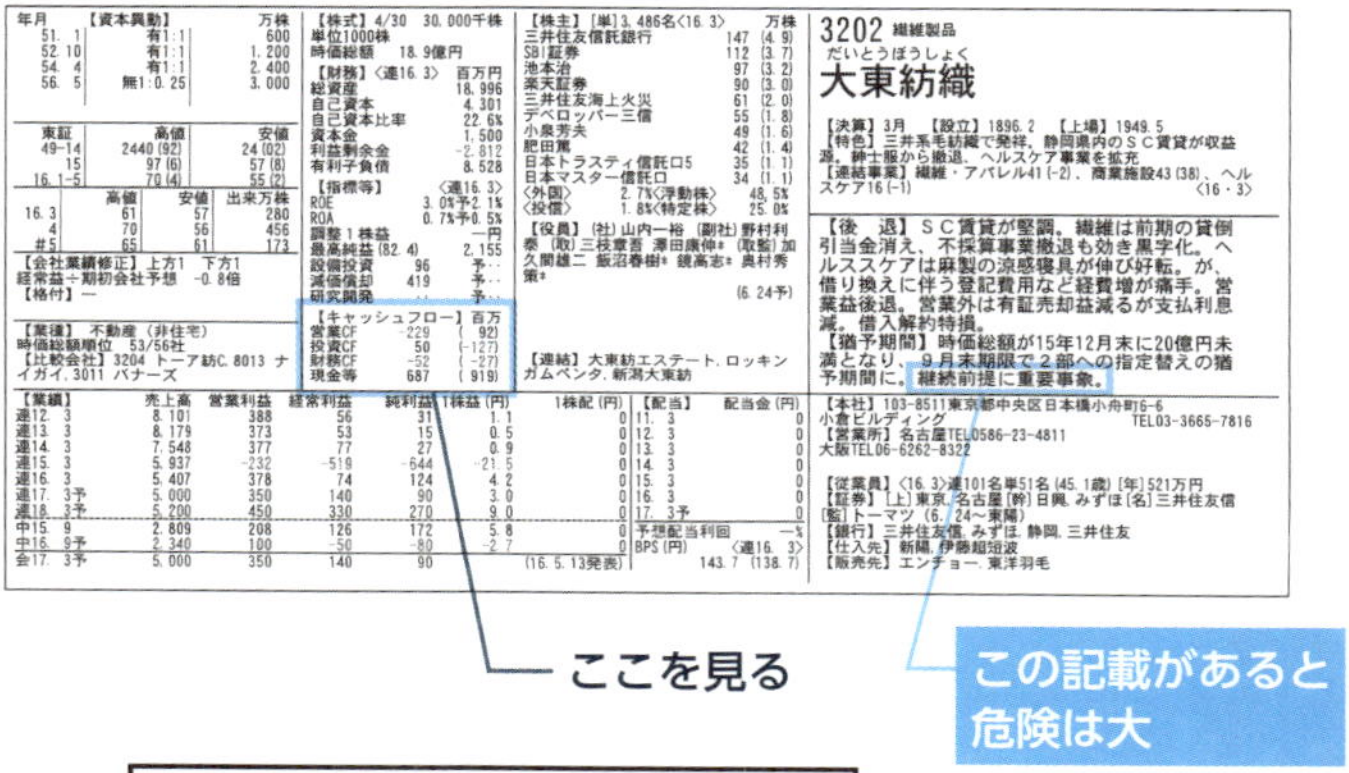

【キャッシュフロー】	百万
営業CF	−229 (　92)
投資CF	50 (−127)
財務CF	−52 (−27)
現金等	687 (　919)

ここに注目

会社が安全かどうかは、資金の流れから判断しよう！

まず『会社四季報』の【キャッシュフロー】欄を見て、
一番上にある営業キャッシュフローがプラスに
なっているかをチェックすること

マイナスだったら、倒産リスクもあるので、投資は慎重に

4　東証1部市場の厳選銘柄は5銘柄

これら43銘柄の中から、チャートの振れ幅が上下に大きいことと、過去10年で頻繁に安値から高値まで倍増を繰り返していることを基準に選んだ結果、以下の5銘柄をリストアップしました。なお、直近の本決算で連結営業キャッシュフローがマイナスとなっている会社と継続疑義注記がついている会社は、倒産リスクを排除する意味で除いてあります。

何度も言いますが、**小型株はお金が回らなくなると、あっけなく倒産する場合がある**ので、その点は注意が必要です。自分も過去に2回、投資していた銘柄が紙くずになったという痛い経験があります。

銘柄を選ぶにあたり、ヤフーファイナンスで会社名や銘柄コードを入れて「チャート」をクリックすると、期間を指定することができます。1日から10年まで可能なので、ここで10年を指定して、**ローソク足チャートで10年間を表示**します。同時に、**日経平均株価についても10年チャートを打ち出して、相場全体がどういう動きをしていたのかを理解して**

おくことが重要です。

日経平均株価は２００７年から２００８年まで下落しました。２００７年７月の1万８２３９円をピークに、２００８年12月には７９１８円まで下落し、２００９年３月につけた７０５４円が大底となりました。その後は、２００９年から２０１０年、２０１１年、２０１２年と約４年間にも及ぶ揉み合い相場から抜け出すことができませんでした。２０１３年から、ようやく黒田日銀総裁による異次元金融緩和とアベノミクスによる上昇相場が３年ほど続いたことになります。

日経平均の10年チャートを見る限り、上昇相場は10年間のうち、たったの３年間だけしかありません。そんな全体相場が低迷した期間にもかかわらず、**選び出した5銘柄は目立った動きをしています**ので、それぞれの銘柄のチャートがどの程度頻繁に上げ下げを繰り返しているのかを見ていきたいと思います。

銘柄選定にあたっては、毎年の安値から高値まで何倍の上昇になっているかをヤフーファイナンス時系列データで10年間拾い、５割高以上になっている回数が多い順にリストアップしました。

日経平均の10年でどれだけ儲かるか

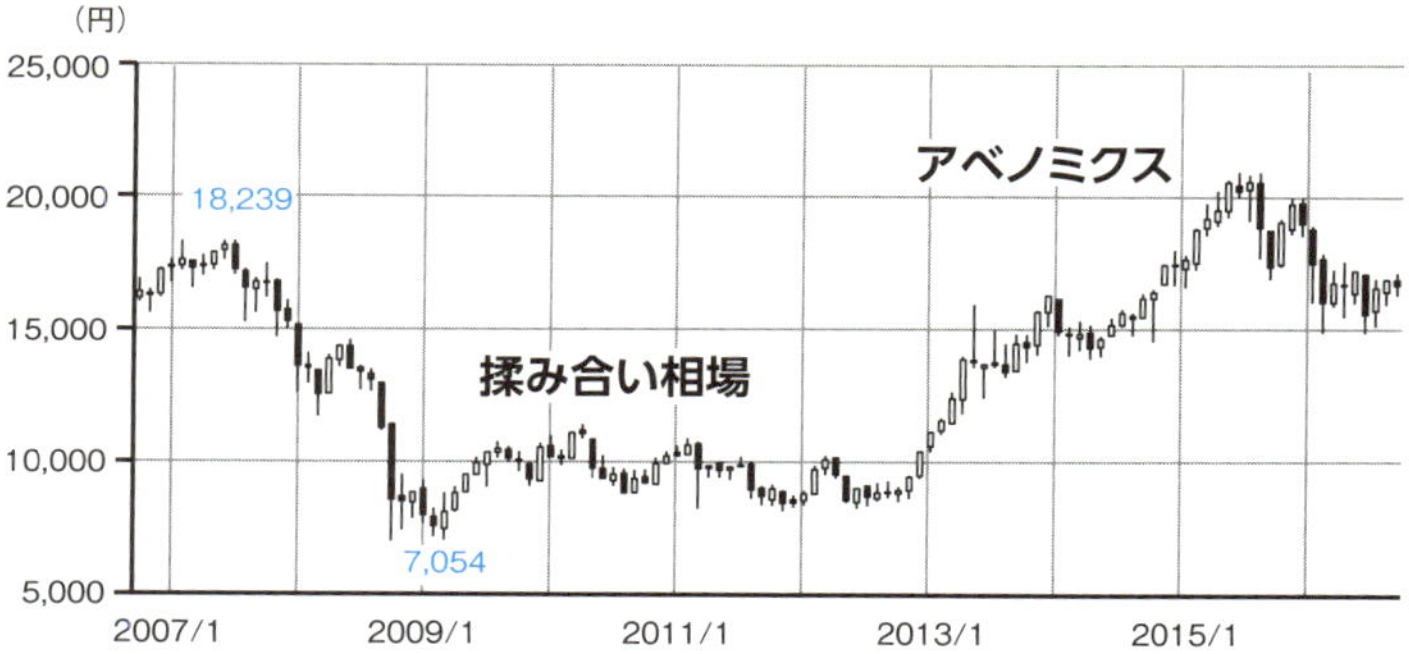

10年間でたった3年しか
上昇相場はこなかった

しかし、低位株なら
何度も儲けるチャンスがあった!

次ページから具体的に見ていこう

5 ツカモトコーポレーション（8025）

ツカモトコーポレーションは、和装・洋装の総合繊維商社として1920年に設立した老舗です。資本金28億円、発行済み株数4069万7千株、浮動株比率35・3％ですから、日頃取引されている株数も1日に5万株から10万株前後と、東証1部にあっては少ない部類に入ります。極端に少ないときは1万株前後の日もあります。

過去に、日本橋本社の土地の含み益を囃《はや》して2～3倍になる値動きをしたこともありますし、実際に高収益の不動産を所有しているので、今後も**都内一等地の含み益を囃すような相場展開になれば、大きく上昇する可能性が高い**と言えます。

この株については、2009年11月発行の前著『低位株必勝ガイド』でも取り上げましたが、その後も4年連続で大きく上昇しています。過去10年間では7回の大きな上昇がありました。軽い銘柄のため、東証1部ではねらわれやすいと言えます。

ツカモトコーポレーションの10年チャート

2007年	116	→	286	1.7倍
2008年	100	→	142	1.4倍
2009年	51	→	135	2.6倍
2010年	68	→	108	1.6倍
2011年	51	→	104	2.0倍
2012年	85	→	235	2.8倍
2013年	130	→	198	1.5倍
2014年	120	→	158	1.3倍
2015年	131	→	223	1.7倍
2016年	95	→	123	1.3倍

7回も大きく上昇!

6 共栄タンカー（9130）

この株は、実は根っからの仕手株だと見ています。今でこそ、今期1株利益が31・4円予想だったり、来期は34円予想になっていますが、数年前までは赤字もしくは1株利益が0・6円程度と、業績が万年低迷していました。とても業績を見て買える株ではなかったのです。

ところが、前著でも紹介した通り、**動き出したときはストップ高を伴って急騰するパターンが多く、上昇率はいつもスゴイことになります**。過去に派手な動きをしていた銘柄は、どうしても上昇し始めると、提灯《ちょうちん》筋がつきやすいのですが、この株はまさにそんな仕手系銘柄の代表格だと言えます。

前出のツカモトコーポレーションと並んで10年間に7回も5割高以上を繰り返しているのは、やはり熱烈なファンがいるからに違いありません。今のところ来期も売り上げ、営業利益とも順調に伸びる予想ですので、安いところは買っておきたい銘柄だと思います。

共栄タンカーの10年チャート

2007年	283	→	762	2.7倍
2008年	242	→	354	1.5倍
2009年	212	→	355	1.7倍
2010年	195	→	236	1.2倍
2011年	112	→	203	1.8倍
2012年	116	→	235	2.0倍
2013年	179	→	329	1.8倍
2014年	190	→	260	1.4倍
2015年	162	→	224	1.4倍
2016年	130	→	204	1.6倍

7回も5割高超を達成

7 虹技（5603）

虹技は、知る人ぞ知る**元大証1部のぶっ飛び銘柄**として有名です。2013年1月1日に、東証と大証が統合され日本取引所グループが発足しましたが、この際、大証1部銘柄だった虹技は東証1部銘柄に指定されました。

虹技は資本金20億2771万円、発行済み株数3362万1千株で、浮動株比率35・6％と、東証ではかなりの小型株です。鋳物メーカーという地味な業種で、株価は100円台が定位置になっていますが、**ひとたび上昇した際の値幅が大きくなる傾向があります**。

2013年からのアベノミクス相場では、大型株や輸出関連銘柄が大きく動いたため、出番はあまりありませんでしたが、主力銘柄や大型株相場が一服したときには、活躍が期待される銘柄だと思います。安いところをじっくり仕込んで、5割高以上をねらうには絶好の銘柄ではないでしょうか。今期は**創業100周年記念配も予定されている**ので、先回り買いをしておくのもいいと思います。

虹技の10年チャート

2007年	218	→	313	1.4倍
2008年	112	→	177	1.6倍
2009年	85	→	232	2.7倍
2010年	103	→	139	1.3倍
2011年	119	→	302	2.5倍
2012年	128	→	200	1.6倍
2013年	159	→	240	1.5倍
2014年	180	→	295	1.6倍
2015年	151	→	196	1.3倍
2016年	149	→	194	1.3倍

5割高以上は6回

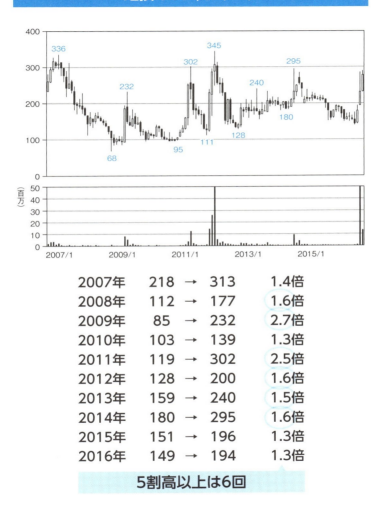

8 丸紅建材リース（9763）

同社は、建築土木工事に必要な重仮設材の賃貸や仮設構造物の設計施工を主要な事業としています。震災復興需要や首都圏での大型プロジェクト、オリンピック関連工事などで重仮設材の賃貸や工事が好調のため、売上高および営業利益とも増益が見込まれています。

10年チャートを見ると、株価は２０１１年以降２０１４年までの４年間、毎年大きく上昇しており、今後も**政府の経済対策やオリンピック関連銘柄として折に触れ上昇が期待できそう**です。資本金26億５１００万円、発行済み株数３４２９万４千株で、浮動株比率が26・２％と比較的低いのも魅力です。

いったん動き出せば、低ＰＥＲの高配当銘柄としても注目を浴びると思いますので、しばらくほったらかしにして５割高から倍増をねらうには適した銘柄ではないかと思います。

丸紅建材リースの10年チャート

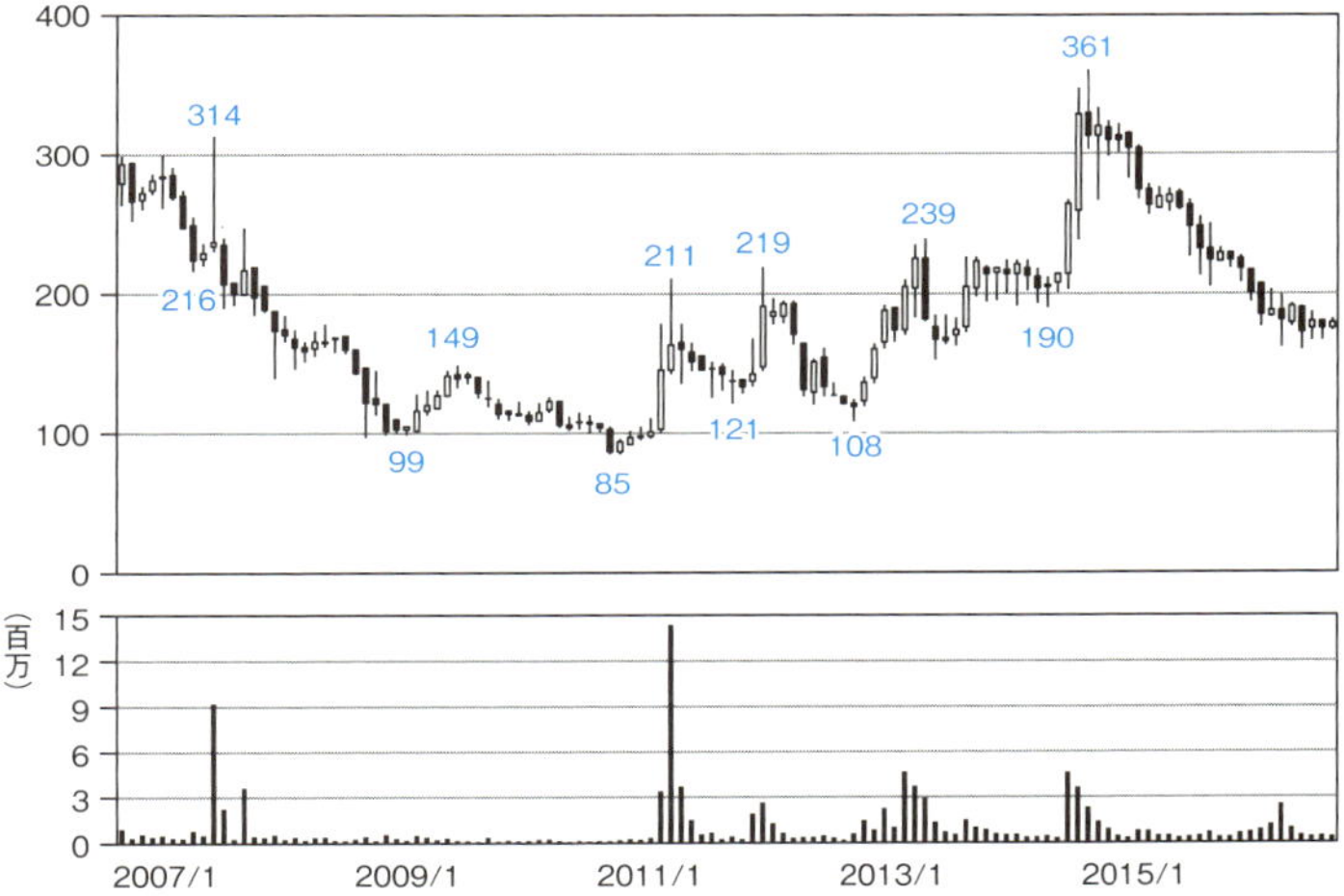

2007年	216	→	314	1.5倍
2008年	139	→	179	1.3倍
2009年	99	→	149	1.5倍
2010年	106	→	126	1.2倍
2011年	95	→	211	2.2倍
2012年	144	→	219	1.5倍
2013年	160	→	239	1.5倍
2014年	190	→	361	1.9倍
2015年		下落		
2016年	176	→	203	1.3倍

10年で5割高以上が6回

9 ソフトブレーン（4779）

この銘柄は2013年6月26日に1株を100株に分割する株式分割を行い、その後、低位株の仲間入りをしました。それまでは1000円から1万8000円まで振れ幅の大きい新興銘柄として意外高を演ずることがたびたびあったので、ご存じの方も多いと思います。創業者はテレビでも大活躍の経営コンサルタント、宋文洲《そうぶんしゅう》氏です。

この銘柄は2000年12月に東証マザーズに初上場したため、**マザーズ銘柄としての派手な値動きをすることがあり、東証1部に昇格した現在もそれは健在**です。資本金8億2600万円、発行済み株数3095万5千株、浮動株比率19・0％は、どう見ても東証1部の中では超小型と言えます。

2009年には株価が6・9倍にも上昇し、2011年にも4・1倍に上昇しました。1対100株の株式分割を行ったあとも、2014年には3・4倍、今年2016年にもすでに6・9倍に上昇しています。待ち伏せするにはぴったりの銘柄と言えそうです。

ソフトブレーンの10年チャート

2007年		下落		
2008年	6,470	→	10,290	1.6倍
2009年	1,012	→	6,990	6.9倍
2010年	4,955	→	6,800	1.4倍
2011年	5,620	→	23,000	4.1倍
2012年	6,570	→	9,080	1.4倍
2013年	11,260	→	21,550	1.9倍
2014年	115	→	394	3.4倍
2015年	145	→	205	1.4倍
2016年	125	→	858	6.9倍

2013年6月
1株→100株
に分割

なんと6.9倍にもなった!

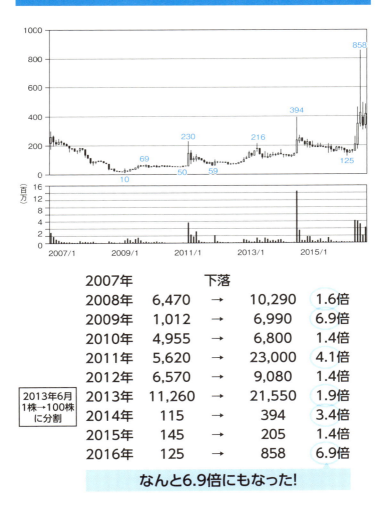

10 エスケイジャパン（7608）

この会社は、10年で5割高以上になったのは5回と少ないものの、**値上がり率が大きい**ので、あえて取り上げました。ゲームセンター用景品の企画販売が主力で、スマートフォン向けアクセサリーや、ファンシーグッズ、キャラクター商品等のメーカーです。

1999年に大阪証券取引所新市場部に第一号として上場を果たし、その後2001年には大阪証券取引所2部銘柄に指定されました。2003年には東証2部に移り、2004年には東京証券取引所1部銘柄に指定されています。

もともと新興市場銘柄ということもあって、資本金は4億6000万円、発行済み株数も8490万株と、今回リストアップした300円以下の東証1部低位株の中では資本金、発行済み株数とも最も小型です。そんな理由もあって、2009年には安値から3・6倍の上昇となっていますし、2015年にも3・4倍、2016年もすでに2・1倍の上昇を見せています。需給の崩れやすい銘柄の代表的な株と言えそうです。

エスケイジャパンの10年チャート

2007年	438	→	487	1.1倍
2008年	246	→	305	1.2倍
2009年	140	→	501	3.6倍
2010年	255	→	321	1.3倍
2011年	151	→	266	1.8倍
2012年	233	→	271	1.2倍
2013年	257	→	436	1.7倍
2014年	224	→	300	1.3倍
2015年	207	→	710	3.4倍
2016年	312	→	667	2.1倍

5割高以上が5回ながら平均では2.5倍超!

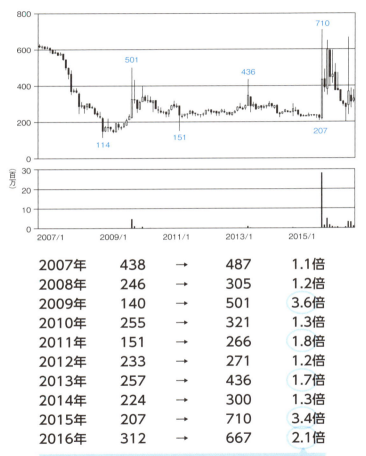

第6章

東証2部は株価倍増銘柄の宝庫

1 低位株は東証2部に集まっている！

2013年1月1日、東京証券取引所と大阪証券取引所の統合に伴って、**東証2部には旧大証1部や2部で大活躍していたキラリと光る低位株がたくさんあります**。

大証は東証と比べて商いも薄く、小型株が多かったため、昔から値動きの荒い市場でした。そんな市場に上場している低位の小型株には熱心なファンが多く、いったん上昇し始めたり、仕手戦に突入したりすると、ここぞとばかりに買ってくるサポーター的投資家層が厚かったと思います。言ってみれば、野球に熱狂する**阪神ファンのような存在**の人たちです。過去に私が頻繁に取引していた銘柄は、名村造船所や玉井商船、大運、ヤマシナ、オリエンタルチエン工業、アマテイ、倉庫精練、北日本紡績、サノヤスホールディングス、三谷セキサンなどですが、今でも突然急騰して、びっくりするくらいの高値まで買われる傾向があります。

一般的に、過去に仕手戦などを演じて驚くほど高値まで買われた銘柄については、そのときのインパクトが投資家の記憶に深く焼きつけられているものです。ですから、いったん上昇し始めると、あの感動をもう一度という具合に、投資家の期待感は高まり、再び高値まで買い進まれる傾向があります。

２０１６年7月12日に**サノヤスホールディングス**（７０２２）が急騰しましたが、ポケモンＧＯに関連する施設運営という大きな材料があったこともあり、ストップ高を繰り返して、１６８円だった株価は９日間で８６５円まで急騰しました。好材料もさることながら、この株の抜群の仕手性に起因するところも大きいのではないかと思います。サノヤスホールディングスの日足チャートを掲載しておきますので、ぜひ怒涛の上昇ぶりを確認してください。

実は、この原稿を書いていた8月10日にも、私自身が2万株現物で仕込んでいた東証２部の**日本伸銅**（５７５３）という株がストップ高になりました。要因は、第１四半期決算発表で9月中間決算の純利益予想を４０００万円から2億円に上方修正したことによるものです。その結果、大引けにかけて１１６円でストップ高に張りついたのですが、平均買い単価91円で持っていたので、２万株すべてを売却して、ちょうど50万円の利益になりました。これぞ待ち伏せ投資の醍醐味《だいごみ》だと言えます。

サノヤスホールディングスと日本伸銅のチャート

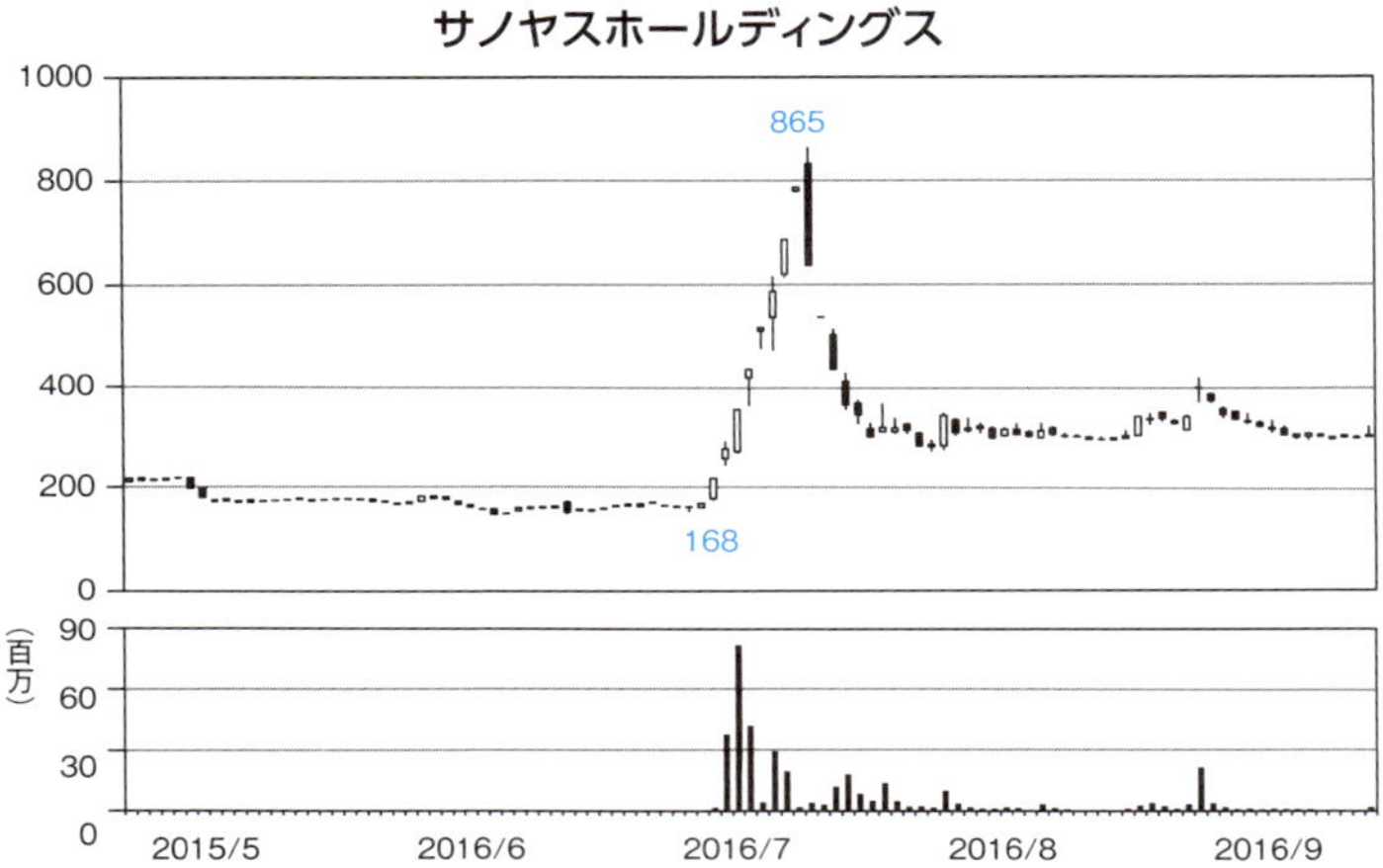

※9月28日に10株→1株に併合

2 毎年倍増する銘柄はこれ！

低位株の待ち伏せ投資では、誰も見向きもしない横這い状態のときにじっくり時間をかけて仕込みます。あとは、**ほったらかしで、ただひたすら上昇するのを待つだけ**です。じっくり待てる投資家であれば、比較的簡単に大きな果実を手にすることができます。

この章では東証2部に絞って、過去何度も大きな上昇を繰り返している銘柄を厳選してみました。例によって『会社四季報　CD－ROM』のらくらくスクリーニング機能を利用して、資本金20億円以下、発行済み株数4000万株以下、浮動株比率30％以下、直近株価200円以下、連結営業キャッシュフロープラスで絞り込んだ結果、29銘柄が選び出されました。

これら29銘柄について、2007年1月から2016年8月までのチャートをプリントアウトして、毎年のように大きく上下に動いているものを選別して6銘柄をリストアップしました。

日経平均株価はこの間、2007年2月の1万8300円からリーマンショックを経て2009年2月には8257円まで半分以下になりました。その後はアベノミクスによって2015年6月に2万952円の高値をつけ、2・5倍になっています。

日経平均全体で見ると、この10年で株価は半分になって、また倍に戻ったという感じかと思います。

ところが、今回紹介する東証2部銘柄の中には、**9年連続で毎年のようにほぼ倍増している**銘柄もあります。低位株のパフォーマンスが日経平均に比べていかにパフォーマンスがいいかを確認してください。

リストアップした銘柄の中には、時価総額十数億円、発行済み株数千数百万株という、かなり小型の銘柄もありますので、**流動性が低いことによるリスクも考えて投資すること**をおすすめします。

東証２部の29銘柄

No.	コード	社名	資本金(百万円)	発行済み株式数	浮動株比率(%):最新	日足・終値(円):直近
1	1853	森組	1,640	32,800,000	20.7	191.0
2	2926	篠崎屋	1,000	14,436,600	27.0	95.0
3	3125	新内外綿	731	19,598,000	24.7	96.0
4	3945	スーパーバッグ	1,374	16,861,544	27.3	180.0
5	4766	ピーエイ	514	11,229,800	16.8	153.0
6	5271	トーヨーアサノ	720	14,408,400	25.1	134.0
7	5458	高砂鐵工	1,504	30,080,000	27.3	66.0
8	5610	大和重工	651	13,580,000	25.6	125.0
9	5753	日本伸銅	1,595	23,700,000	27.6	87.0
10	5952	アマテイ	615	12,317,000	9.6	92.0
11	6360	東京自働機械	954	14,520,000	28.8	145.0
12	6721	ウインテスト	1,249	6,429,400	28.7	136.0
13	6776	天昇電気工業	1,208	17,014,000	27.8	144.0
14	7018	内海造船	1,200	22,530,000	22.3	129.0
15	7021	ニッチツ	1,100	21,300,000	26.2	168.0
16	7726	黒田精工	1,875	28,100,000	25.8	148.0
17	7831	ウイルコHLD	1,667	24,650,800	16.2	119.0
18	7859	アルメディオ	1,136	9,192,316	22.3	153.0
19	7919	野崎印刷紙業	1,570	21,460,000	21.1	130.0
20	7946	光陽社	1,928	13,392,000	24.4	125.0
21	7985	ネポン	601	12,028,480	21.6	143.0
22	8135	ゼット	1,005	20,102,000	25.1	156.0
23	8912	エリアクエスト	991	22,500,000	13.4	109.0
24	9353	櫻島埠頭	770	15,400,000	26.0	129.0
25	9355	リンコーコーポレーション	1,950	27,000,000	11.4	145.0
26	9360	鈴与シンワート	802	15,000,000	20.0	150.0
27	9362	兵機海運	612	12,240,000	28.8	139.0
28	9674	花月園観光	883	17,666,000	22.3	75.0
29	9764	技研興業	1,120	16,640,000	23.5	135.0

3 花月園観光（9674）

実は、花月園観光の時系列データを2007年1月から拾ってみて、自分でも驚きました。2007年から2008年までは**下落相場であったにもかかわらず、その間も1・5～2倍の上昇を繰り返していた**のです。その後も2009年には2・8倍、2012年にはなんと7・3倍もの上昇となっています。

過去10年のうち**5割高以上の上昇は連続9回**もあるため、この銘柄だけを追いかけて、谷と山をうまく見分けられたら、資産を何倍にも増やすことができたでしょう。

花月園観光と言えば、花月園競輪の施設所有と管理運営が主体でしたが、花月園競輪場が廃止になったことから、その後は競輪場外車券売り場や競輪以外の公営競技場外売り場運営を経営の柱としています。公営ギャンブル人口が減少していることから、今後大きく利益が増えることはないと思われますが、発行済み株数の少なさと浮動株比率の低さから、需給バランスが簡単に崩れる銘柄として値幅取りには最適なのではないでしょうか。

花月園観光の10年チャート

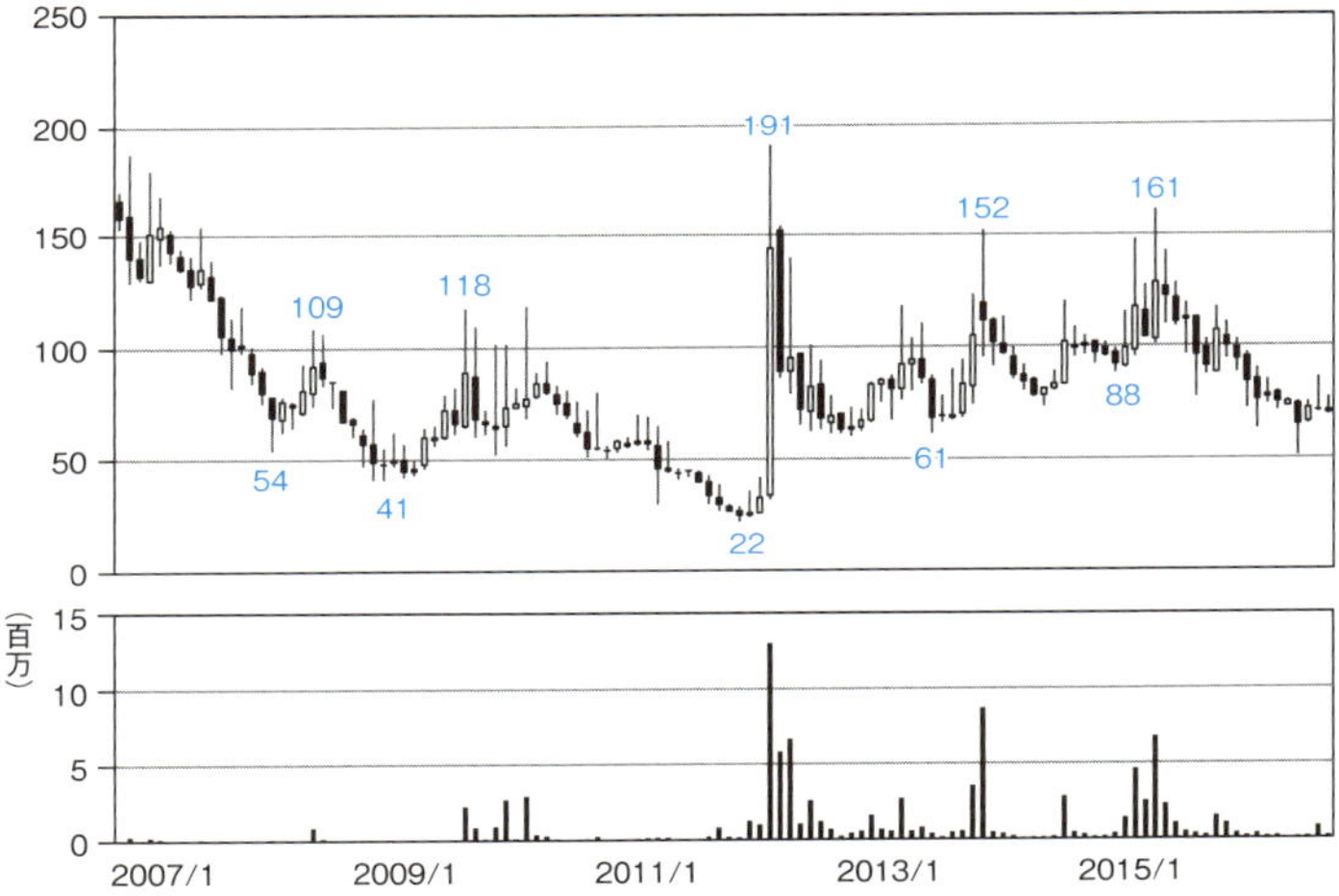

2007年	82	→	119	1.5倍
2008年	54	→	109	2.0倍
2009年	42	→	118	2.8倍
2010年	68	→	119	1.8倍
2011年	30	→	58	1.9倍
2012年	26	→	191	7.3倍
2013年	67	→	152	2.3倍
2014年	73	→	121	1.7倍
2015年	90	→	161	1.8倍
2016年	63	→	86	1.4倍

毎年のように5割高以上の上昇

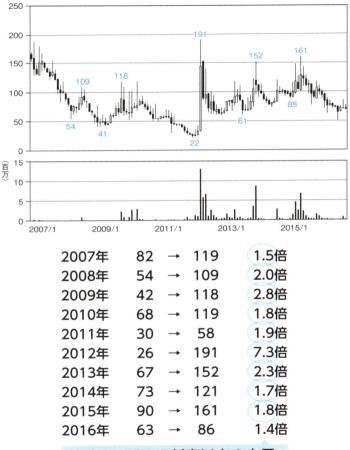

4 光陽社（7946）

光陽社はオフセット印刷用写真製版大手ですが、印刷や写真製版という地味な業種のため、目立たない会社だと言えます。業績面においても儲かる業種ではないことから、ここ何年も無配が続いています。この銘柄も発行済み株数1339万2千株と超小型で、浮動株比率も24・4％と少ないです。それゆえに過去2008年から2016年までの9年間、ずっと毎年5割以上の上げ幅で上下を繰り返しています。

10年間のうち、**1年で3倍や4倍になったことが何度もあります**ので、**いったん火がつくと大きく噴火する傾向があります**。株価サイクルを見ていると、おおむね半年かけて上昇し、半年かけて下落するという感じでしょうか。この株価サイクルの波をうまくとらえられたら、資産倍増も決して夢ではないと思います。

じっくり下落を待って買い、じっくり上昇を待って売る。**待ち伏せ投資には最適**のように思います。

光陽社の10年チャート

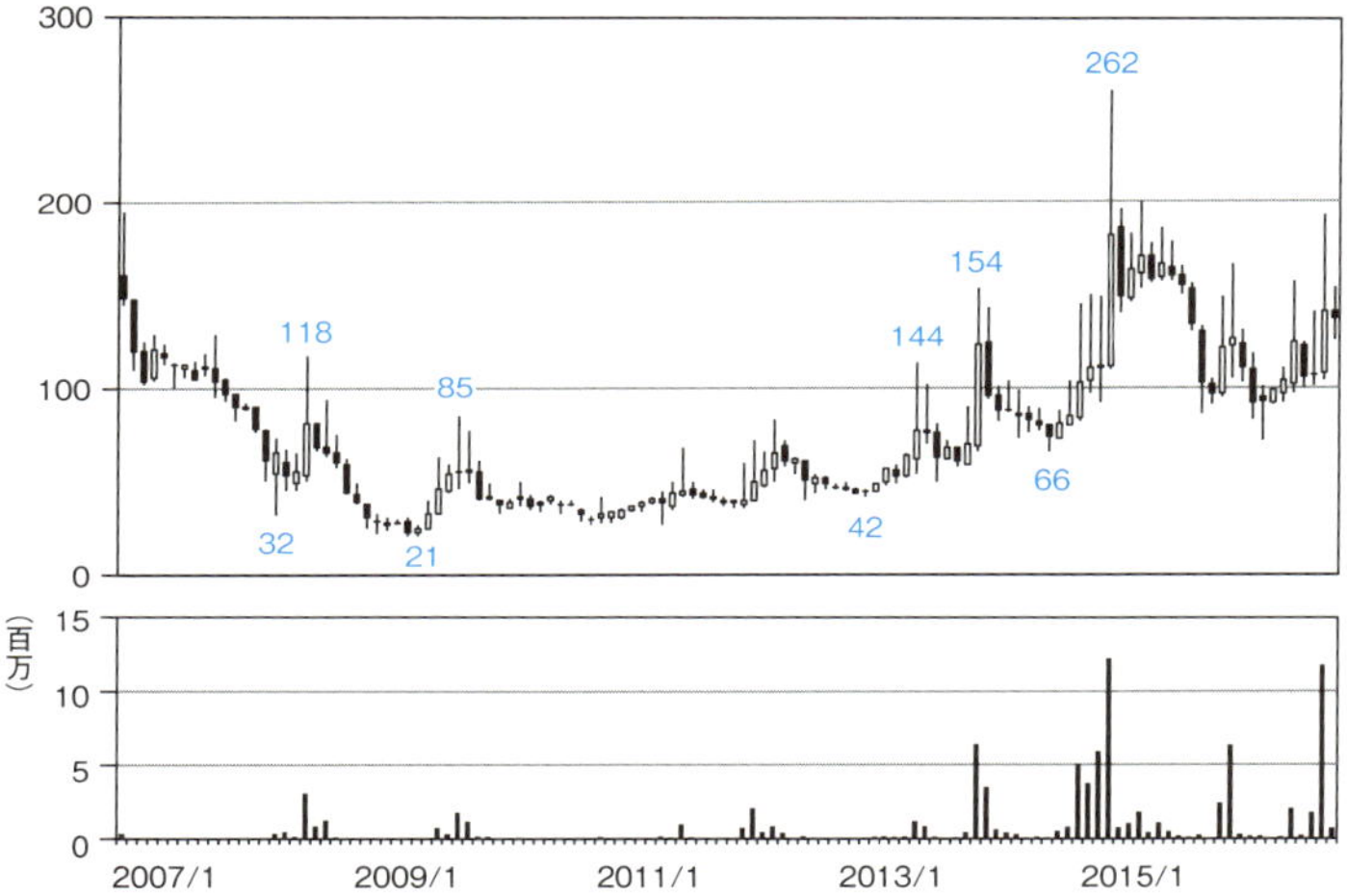

2007年	100	→	129	1.3倍
2008年	32	→	118	3.7倍
2009年	21	→	85	4.0倍
2010年	27	→	42	1.6倍
2011年	27	→	72	2.7倍
2012年	47	→	83	1.8倍
2013年	46	→	154	3.2倍
2014年	66	→	262	4.0倍
2015年	86	→	167	1.9倍
2016年	72	→	193	2.7倍

9年連続で5割高超、上昇率も大きい

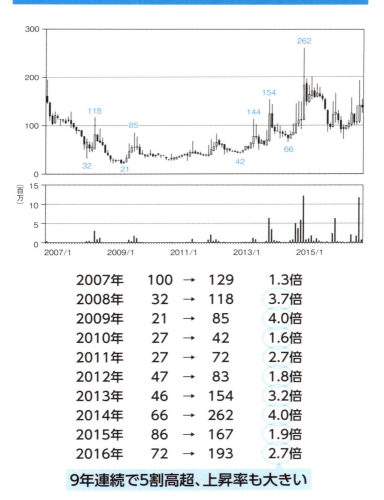

5 ウイルコホールディングス（7831）

２００５年に初めて東証２部に上場を果たした石川県白山市に本社のある印刷会社ということで、なじみの薄い企業だと思いますが、障害者郵便制度悪用事件で元会長と元執行役員が郵便法違反の罪に問われ、罰金刑判決を受けたと言えば、思い出す人も多いのではないでしょうか。

大手家電量販店や紳士服販売店、通販会社などのダイレクトメール発送代行を同社が行っていたため、同事件の影響もあってか、２０１１年には上場来安値である51円をつけています。過去10年のうち、**7年間5割高以上の上昇を繰り返していますので、人気化すると、大きく上昇する**傾向にあります。

資本金16億６７６２万円、発行済み株数２４６５万株で、浮動株比率が16・８％と少なく、東証２部でも需給が崩れやすい銘柄だと言えます。

ウイルコホールディングスの10年チャート

2007年	154	→	214	1.4倍
2008年	94	→	164	1.7倍
2009年	122	→	150	1.2倍
2010年	60	→	84	1.4倍
2011年	51	→	113	2.2倍
2012年	70	→	116	1.7倍
2013年	64	→	170	2.7倍
2014年	100	→	145	1.5倍
2015年	121	→	271	2.2倍
2016年	97	→	173	1.8倍

1.5倍以上は7回、人気化しやすい

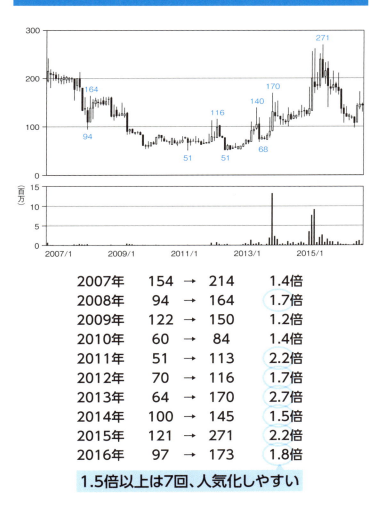

6 ピーエイ（4766）

もともとは東証マザーズ銘柄でしたが、2015年5月1日に東証2部に指定変更されています。新潟や長野、福島、宮城などで無料求人情報誌「ジョブポスト」を発行したり、最近は人材派遣業にも参入しています。同社はスマホ向け求人情報サイトを他社に先駆けていち早く立ち上げ、収益を大きく伸ばしました。また、女性の雇用拡大に向け、保育施設運営のピーエイケアを子会社化し、保育施設を全国展開する計画です。**社会的ニーズをいち早くとらえて迅速に対応する経営判断には素晴らしいものがある**と言えます。

材料が豊富な会社というのは、**株価も頻繁に跳ねる**ものです。マザーズ時代はほぼ毎年のように安値から倍増を繰り返していたので、この銘柄のファンも多いはずです。

2013年に4倍増を達成してから、株価は調整モードに入っていますが、資本金5億1400万円、発行済み株数1122万9千株、浮動株比率16・2％という点だけを見ても、いかにも飛びそうな銘柄ではないでしょうか。

ピーエイの10年チャート

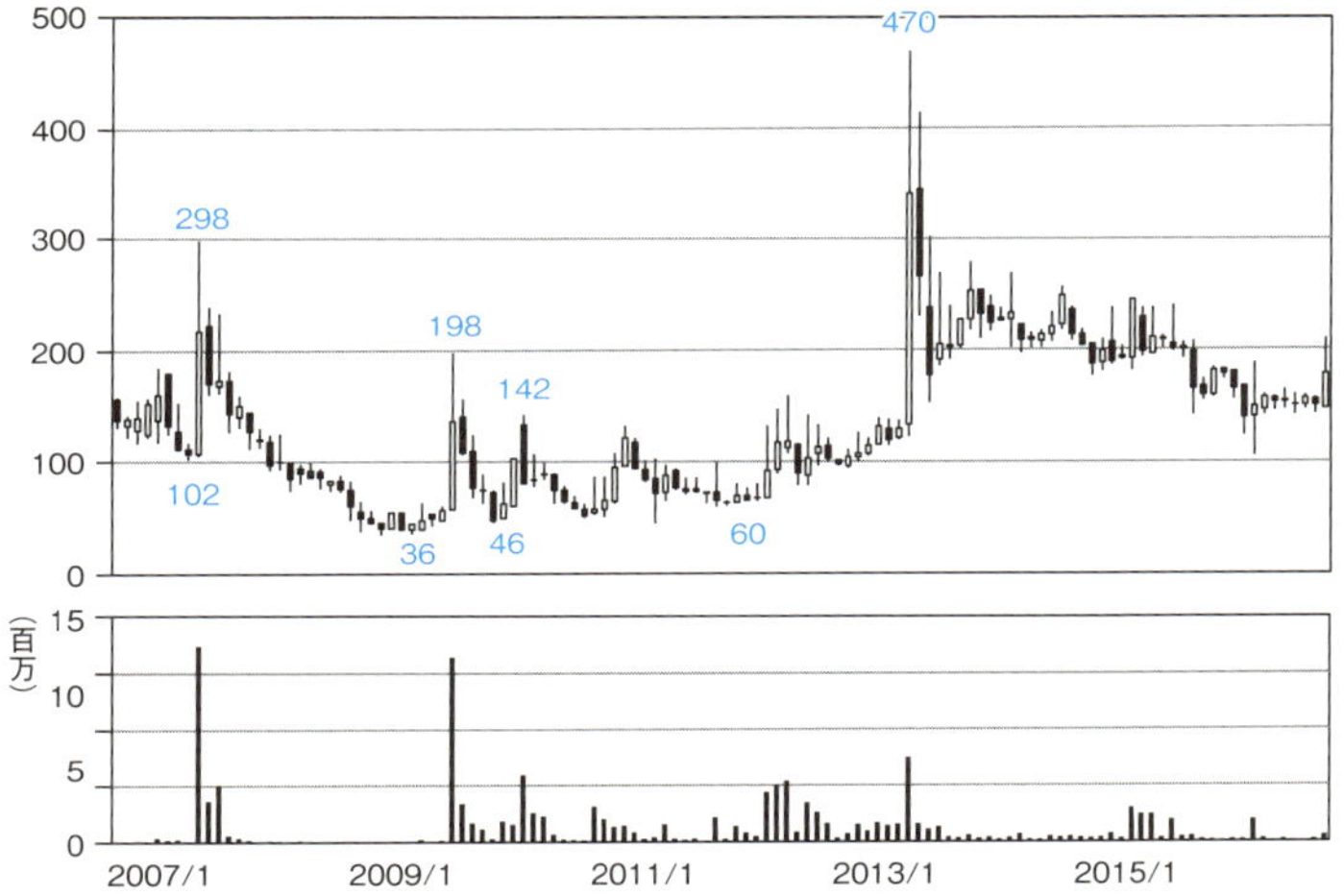

2007年	102	→	298	2.9倍
2008年	74	→	100	1.4倍
2009年	36	→	198	5.5倍
2010年	61	→	142	2.3倍
2011年	45	→	100	2.2倍
2012年	65	→	159	2.4倍
2013年	114	→	470	4.1倍
2014年	202	→	270	1.3倍
2015年	181	→	246	1.4倍
2016年	105	→	188	1.8倍

10 年のうち7回も高騰、動くときは4～5倍にも

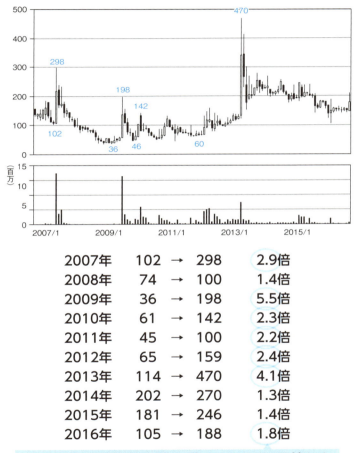

7 アマテイ（5952）

旧大証2部銘柄から証券コード5952のアマテイをご紹介します。この銘柄を人に紹介すると、「なんて変な社名なの？」とよく言われます。たぶん推測するに、前身である尼崎製釘所の略でアマテイとなったのではないかと思います。

10年チャートを見るとよくわかるように、**長い上ひげが何度も出現**しています。これも、資本金6億1500万円、発行済み株数1231万7千株、浮動株比率9・6％という超小型株であるがゆえです。**大証2部の中でも、かなりの小型株**でした。当時から突然噴火していたので、よく待ち伏せしていました。

ただし、一瞬で上ひげをつけて終わってしまうことも多いため、**買ったあとは常にストップ高付近で指値を入れておく**ことをおすすめします。せっかく待っていたのに、気がついたら終わってた……、なんてことは小型株ではよくあるので、複数単位買って、高いところで何段階かに分けて指値を入れておくのがいいと思います。

アマテイの10年チャート

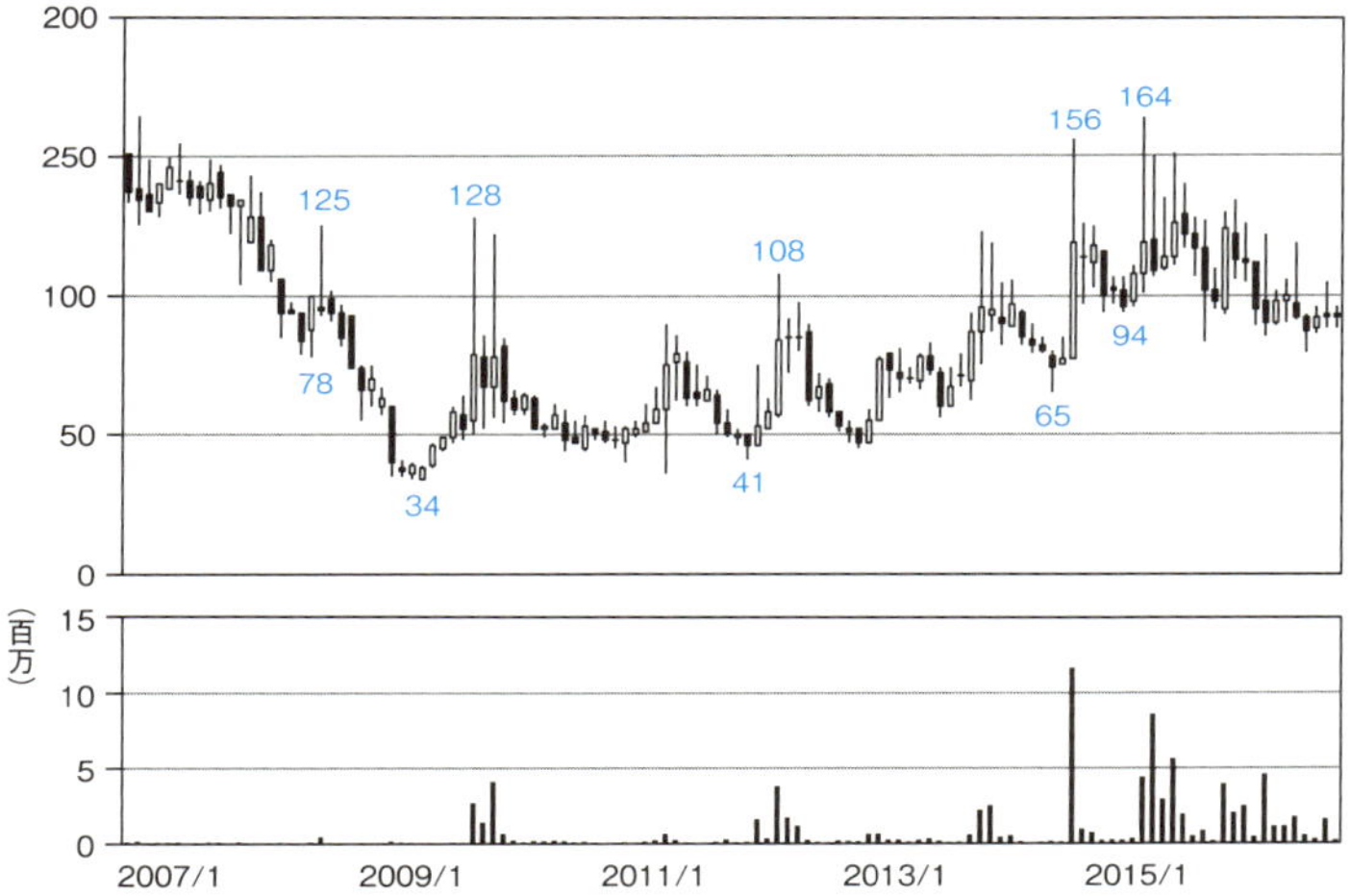

2007年	104	→	143	1.4倍
2008年	78	→	125	1.6倍
2009年	34	→	128	3.8倍
2010年	44	→	57	1.3倍
2011年	36	→	90	2.5倍
2012年	52	→	108	2.1倍
2013年	56	→	123	2.2倍
2014年	65	→	156	2.4倍
2015年	96	→	164	1.7倍
2016年	89	→	122	1.4倍

長い上ひげがよく現れる。買ったらすぐ売る準備を

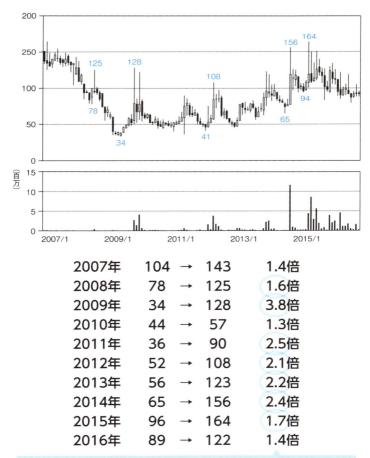

8 新内外綿（3125）

旧大証2部銘柄からもう一銘柄紹介したいと思います。株式投資を長くやってきた人なら、新内外綿という会社をご存じかもしれません。1948年に設立された、糸や織物・編物生地および衣料品の製造加工販売を主な事業としている会社です。シキボウの子会社で、繊維製品製造会社といったほうがわかりやすいかもしれません。

いずれにしても、今となっては紡績はすっかり斜陽産業となってしまいましたが、この会社の株価の値動きだけは昔から元気です。資本金7億3100万円、発行済み株数1959万8千株、浮動株比率24・7％と聞けば、需給が崩れやすいことは察しがつきますが、業績がいつも低迷しているため、**株価は50円から150円程度までの値動きを過去10年間繰り返しています**。前出のアマテイもそうですが、売りどきと買いどきがわかりやすい銘柄だと思います。

新内外綿の10年チャート

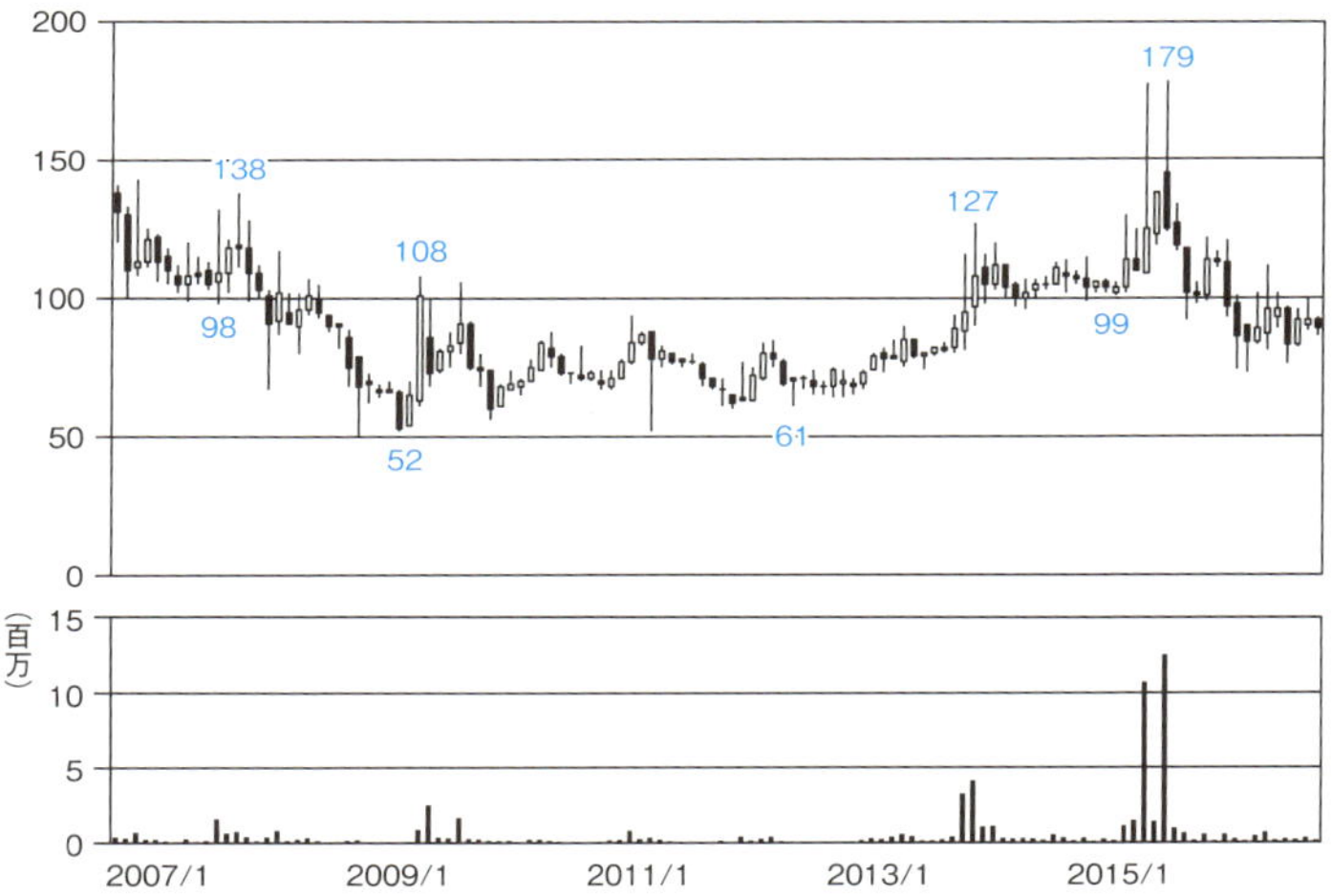

2007年	98	→	138	1.4倍
2008年	67	→	107	1.6倍
2009年	52	→	108	2.1倍
2010年	65	→	88	1.4倍
2011年	52	→	83	1.6倍
2012年	63	→	85	1.3倍
2013年	73	→	127	1.7倍
2014年	96	→	115	1.2倍
2015年	101	→	179	1.8倍
2016年	73	→	112	1.5倍

業績は低迷ながら、50〜150円の間をよく動いている

おわりに

本書を最後までお読みいただきまして、ありがとうございます。

本書には**「需給はすべてに優先する」**という言葉が何度も出てくると思います。「市場」と名のつく場所で取引されているものは、ほとんど需要と供給で価格が決まっているはずです。

先般、サウジアラビアのファリハ・エネルギー産業鉱物資源相が、ＯＰＥＣ総会で原油の世界的な供給制限で合意が得られる可能性があるとの見通しを示しました。その瞬間、1バレル50ドル割れだった原油価格が50ドルを大きく超えて上昇しました。身近なところでは、この夏以降、日本列島に台風の上陸が相次いだため、レタスの価格が一玉３００円と普段の3倍にも跳ね上がっています。

このように**市場で取引されているものは需要と供給のバランスが崩れると、すぐに価格**

が倍に急騰したり半値に下落したりします。株式市場も同じで、好材料や好決算を発表して買いたい投資家が増えれば株価は上昇しますし、悪材料が出て売りたい投資家が増えれば株価は下落します。

東証1部市場で取引されている株を見渡してみてください。トヨタや三菱重工のように発行済み株数30億株以上の大企業から、ＳＫジャパンのように８４８万株しか発行されていない小粒な企業まで、幅広い銘柄が同じ市場で売られています。**人気化したときに需給バランスが崩れやすいのは明らかに株数の少ない会社**だと言えます。

そんな小型株を見ていると、**毎年のように大きな上昇と下落を繰り返している銘柄**が見つかります。これらの銘柄が下落して底這いしているときに買って、あとはじっくり上昇するのを待つことで、大きな利益が期待できます。

いつ上昇するともわからない株を買って、ただひたすら待つのは、かなりの忍耐力や精神力が必要ですが、30年以上株式投資と向き合ってきた結果、**パフォーマンスを上げるにはこれが一番手っ取り早い**のではないかと思います。

第5章と6章で過去10年毎年のように大きく上昇している銘柄を紹介しましたが、低位株という性格上、これらの銘柄の中には財務内容や業績に不安が残るものも含まれています。株式投資では同じ銘柄に投資しても、タイミングによって損益に大きな差が出てしまうのも事実です。また、株式市場で将来起こることを的確に予想するのも不可能なことです。実際に投資される場合は、くれぐれも再度ご自身で情報収集をしていただき、自己責任で株式投資を楽しんでいただければ幸いです。みなさんのご健闘を祈ります。

2016年11月

吉川 英一

※本文のデータは主に原稿執筆時の2016年9月末日に基づくものです。

参考文献

『会社四季報』（2016年3集、4集、東洋経済新報社）

オリバー・ベレス、グレッグ・カプラ『デイトレード』（林康史監訳、藤野隆太訳、日経PB社）

朝香友博『大化け株・サイクル投資術』（アールズ出版）

マーク・ダグラス『ゾーン――「勝つ」相場心理学入門』（世良敬明訳、パンローリング）

アレキサンダー・エルダー『投資苑』（福井強訳、パンローリング）

紫垣英昭『初心者でもがっぽり儲かる 大化け「低位株」投資法』（幻冬舎）

ジャック・D・シュワッガー『マーケットの魔術師』（横山直樹監訳、パンローリング）

藤本壱『個人投資家は低位株で儲けなさい』（自由国民社）

東山一平、武生孝二『《株》勝ちグセをつける「不滅の教え」』（アールズ出版）

吉川英一『低位株必勝ガイド』（ダイヤモンド社）

［著者］
吉川英一（よしかわ・えいいち）
富山県在住の個人投資家。年収360万円から低位株投資で資金を貯めて、アパート経営を開始。株と不動産で増やした資産は約２億円超。マネー誌などで指南役として活躍中。著書に『年収360万円から資産1億3000万円を築く法』『低位株で株倍々!』『不動産投資で資産倍々！会社バイバイ♪』『低位株必勝ガイド』『億万長者より手取り1000万円が一番幸せ!!』『一生お金に困らない個人投資家という生き方』『サラリーマンこそ自分株式会社をつくりなさい』（共にダイヤモンド社）、『一生好きなことをして暮らすための「不労所得」のつくり方』（光文社新書）などがある。

低位株待ち伏せ投資
――10万円から始める毎年5割高ねらいの株式投資法！

2016年12月８日　第１刷発行

著　者――吉川英一
発行所――ダイヤモンド社
〒150-8409　東京都渋谷区神宮前6-12-17
http://www.diamond.co.jp/
電話／03･5778･7234（編集）　03･5778･7240（販売）
装丁――――渡邉雄哉（LIKE A DESIGN）
DTP ――――荒川典久
製作進行――ダイヤモンド・グラフィック社
印刷――――堀内印刷所（本文）・共栄メディア（カバー）
製本――――川島製本所
編集担当――田口昌輝

ISBN 978-4-478-10166-7